GÉNÉALOGIE

DE LA NOBLE MAISON DU VIGNAU

DE TRUBESSÉ

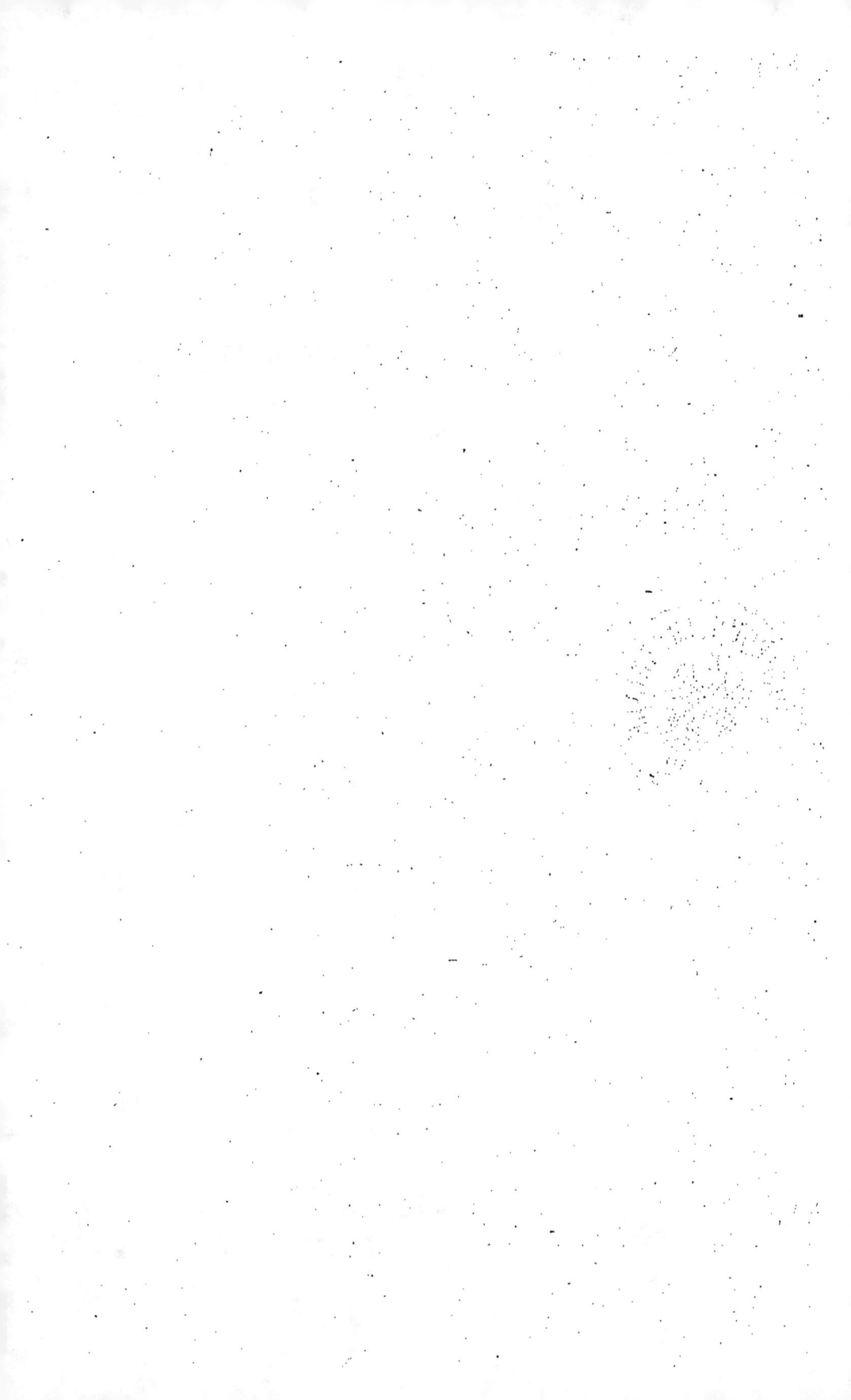

GÉNÉALOGIE

DE LA

NOBLE MAISON DU VIGNAU

DE

TRUBESSÉ

BARON DE TRUBESSÉ,

Seigneur abbyacal de l'Abbaye de Pimbo, Seigneur d'Arbleix,
de Péchevin, de Bugnein, de Boursac, de St-Sorlin du Coudret,
du Curley, de Barbasse, de Taillicourt, co-seigneur de
Barenne, Cavier de Cabidos & de Garos.

BORDEAUX

IMPRIMERIE DE LA GUIENNE, RUE GOUVION, 20

(Brevet Ve J. Dupuy.)

1868

PRÉFACE

Ce travail généalogique se divise en trois parties :

1° Généalogie simple de la famille ;

2° Une seconde généalogie, ou pour mieux dire une notice historique.

3° Extraits de quelques pièces renfermées aux archives de la famille et dans les états civils.

Ce travail a été rédigé d'après les archives très considérables de la famille, les histoires de Guyenne, Gascogne, Béarn.

Dans la maison de Trubessé, on trouve presque tous les actes de naissances, de mariages, de décès, de ventes, d'achats, etc., etc., depuis 1447 jusqu'à nos jours.

Il y a encore plus de 15,000 lettres écrites par Henri IV, roi de France ; Louis XIII, roi de France ; le duc de Gramont ; la vicomtesse Corisandre d'Andoins ; le vicomte de Gontaut-Biron ; de Bruix, seigneur de Clèdes ; de Roquefort, seigneur de Vignes ; du baron de Cès Caupenne ; de Nogués ; de Béon d'Ossau ; de Terride ; de Salette d'Anguin ; de Basquiat de Mugriet ; de Tuquoy ; du baron de Cauna ; de Larrey ; de Portets ; de Courréges ; de Fanget ; du baron de Sault ; d'Espalungue ; du baron d'Arros ; de Bertier ; du baron de Loubouey ; du marquis de Lons ; du vicomte de Baillenx, etc. (La collection remonte de 1575 à 1800.)

ARMES DE LA FAMILLE :

D'or, à l'aigle de sable tenant en son bec une flèche de gueules, empennée d'argent, la pointe en haut, et empiétant une épée de gueules posée en face, la poignée de sable.

TIMBRE : — Un casque taré de face, orné de son bourrelet et lambrequins.

SUPPORTS : — Deux griffons.

HOMMAGES ET DROITS.

—

Les seigneurs de Trubessé ont rendu hommage aux vicomtes de Marsan, au roi d'Angleterre, duc de Guyenne, aux rois de France et enfin au vicomte de Louvigny (duc de Gramont). L'hommage rendu au vicomte de Louvigny consistait en un discours en langue béarnaise, un baiser et un gant. Les droits desdits seigneurs sur leurs terres seigneuriales d'Arbleix, de Péchevin, de Cabidos, etc., étaient de créer bails, jurats et cours, clans, mans, baux, lods et ventes, droits de prélation des amendes, communément appelées leys de bés de sang, carnal et autres droits compétants à un seigneur, selon le for, usages et coustumes de la province, avec le droit d'entrée aux Etats-Généraux du pays, d'y avoir séance et voyx délibérative en ladite qualité de seigneur desdits lieux.

Les habitants de ces dits lieux étaient tenus et obligés de prêter le serment de fidélité en forme ordinaire et accoustumée, d'apporter le bois de chauffage dans la maison de Trubessé et de faire d'autres manœuvres. Le droit de prendre annuellement fiefs des habitants desdits lieux. La commune de Péchevin de payer annuellement de rente ou fief deux poules pour paccage des landes nommées Las Mattettes. Le droit de bâtir un moulin dans ces dits lieux avec le droit de banalité sur tous les habitants, suivant le for, usage et coustume de la province. La dixme d'agneaux, cochons, laine et fruits desdits lieux. Le droit de juxta-patronnat des cures de Phillondens, Arbleix et Péchevin, de patronnat des cures de Cabidos, Malaussanne, Garos.

L'abbaye de Pimbo était l'apanage des cadets de la famille de Trubessé.

PREMIÈRE PARTIE

GÉNÉALOGIE

I. — **Arnauton-Guilhem.**

Marié vers 1430.

Enfants : { 1. Ménard ou Menaut.
2. François.

II. — **Ménard** ou **Menaut.**

Enfants : { 1. Bertonieu ou Bertoumiou.
2. Inconnu.
3. Victoire.

III. — **Bertonieu** ou **Bertoumiou.**

Enfants : { 1. Jacques.
2. Dominique.

IV. — **Jacques.**

Marié à **Jeannette du Tastet.**

Enfants : { 1. Dominique ou Domingue.
2. Bernard ou Bernardon.
3. Mathieu.
4. Pierre.
5. Lucas.
6. Jeanne.
7. Marie.

V. — Dominique ou **Domingue.**

Marié à **Marie de Candau.**

Mort le 12 mai 1606.

Enfants :
1. PIERRE.
2. MATHIEU.
3. FRANÇOIS.
4. PIERRE.
5. LUCAS.
6. BERTRANDE.
7. MARTHE.
8. CATHERINE.
9. RAYMONDE.
10. JEAN.

VI. — Mathieu.

Marié à **Marie de Sarrauté.**

Enfants :
1. PIERRE.
2. MATHIEU.
3. CATHERINE.

VII. — Pierre.

Marié à **Marguerite d'Anguin** (1er mars 1609).
Pas d'enfants.

VIII. — Mathieu.

Marié à **Jeanne de Tuquoy** (15 avril 1636).
Mort en février 1642.

Enfants :
1. PIERRE.
2. ANGÉLIQUE.
3. MARIE.

IX. — Pierre.

Marié à **Jeanne-Antoinette Des-Pruets** (29 novbre 1661).
Mort en septembre 1692.

Enfants :
1. ELIE.
2. HENRI.
3. ANGÉLIQUE.
4. JEANNE.

X. — Elie.

Marié à : { **Marie de Fexon** (Pas d'enfants).
           { **Marie de Béon.**

Mort le 1er mai 1748.

Enfants : { 1. SIMON.
          { 2. MARIE.
          { 3. ISABEAU.
          { 4. JEANNE-JOSÈPHE.
          { 5. JEAN-MARIE-PEYRONNE.

XI. — **Jean-Marie Peyronne**, né le 11 janvier 1749.

Marié à : { **Isabeau de De Ces Caupenne** (Pas d'enfants).
          { **Marie-Sara de Badet-Plaisance.**

Mort en 1790.

Enfants : { 1. JEAN-BAPTISTE.
          { 2. JACQUES-PAUL.
          { 3. HENRI.
          { 4. MARIE-ELISABETH.
          { 5. MARIE.
          { 6. JEAN-BAPTISTE-SIXAIN.

XII. — **Jean-Baptiste.**

Marié à **Marie-Catherine-Geneviève de Bertier.**

Mort le 29 mai 1843.

Enfants : { 1. JULES-JEAN-ANTOINE.
          { 2. PAUL-LÉOPOLD.

XIII. — **Jules-Jean-Antoine**, né le 27 août 1816.

Marié à **Marie-Victoire-Geneviève-Saint-Luc Gérauld de Langalerie.**

Enfants : { 1. JEAN-BAPTISTE, ADRIEN, AMÉDÉE.
          { 2. MARIE-GENEVIÈVE.

XIV. — **Jean-Baptiste-Amédée**, né le 24 octobre 1840.

DEUXIÈME PARTIE

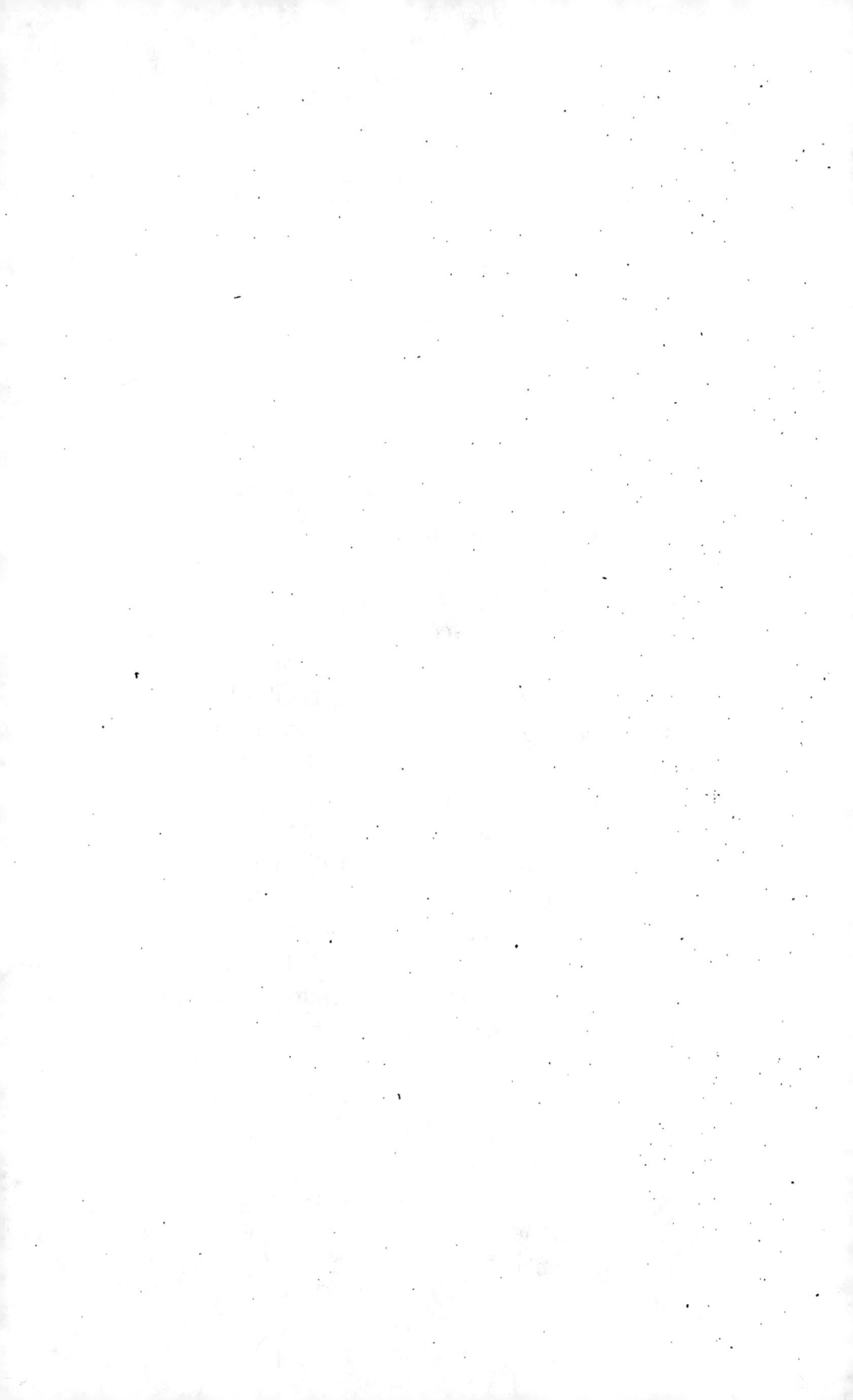

GÉNÉALOGIE

L'ancienneté de cette maison rend son origine fort peu connue. Les premiers seigneurs habitèrent, soit dans la ville d'Arzacq, soit sur leurs terres seigneuriales d'Arbleix et de Péchevin.

Ces seigneuries, auxquelles se joignirent plus tard la baronnie de Trubessé, etc., se trouvaient à l'extrêmité du Béarn, partie dite Chalosse, et touchant le Tursan. Au levant terminées par les grandes Landes, nommées de Nouseilles; au nord le territoire de la commune de Lacajunte; au couchant les landes de Phillondens et d'Arzacq, et au midi la commune d'Arzacq. En 1560, sous Jacques Du Vignau baron de Trubessé, qui figure le quatrième dans l'arbre généalogique, ses terres comptaient une superficie de 3,000 à 3,500 hectares.

Cette position topographique, jointe aux différentes guerres et révolutions qui ont agité pendant longtemps le Midi de la France, laisse peu de détails sur les premiers membres de cette famille. Aussi trouve-t-on ces seigneurs obligés de rendre hommage de leurs seigneuries aux vicomtes de Marsan, au roi d'Angleterre Edouard III, duc de Guyenne, puis indépendants et enfin redevenir les vassaux du vicomte de Louvigny (duc de Gramont).

Avant 1429, époque à laquelle Arnaud-Guilhem Du Vignau commence la filiation, on cite sur quelques membres de cette famille les détails suivants : D'après les titres originaux qui se trouvaient dans les archives royales avant 93 (tome XV, coté 179), on voyait que Noble Du Vignau ou du Vinhaut (Pierre), escuyer, rendit hommage en langue béarnaise à sa suzeraine Marguerite de Marsan, le dimanche des octaves de Pâques, en l'année 1310. Marguerite et sa sœur Constance étaient sœurs de Gaston, vicomte de Béarn.

Bernard d'Armagnac donna Capmorteres à Guillaume Du Vignau pour le récompenser des services qu'il lui avait rendus durant son voyage en Aragon. Cette terre était composée de trois fiefs, dont l'un appartenait à Pierre de Laterrade, et les deux autres à Peyroton et Raymond de Capmorteres. Ils étaient dévolus au comte parce que les possesseurs ne lui avaient payé aucun service depuis plus de vingt ans. (Vic, le 18 décembre 1391. Monlezun, *Histoire de Gascogne,* volume IV.)

Dans les archives du Béarn rédigées et collectionnées par M. Raymond, archiviste, et renfermées à la Préfecture de Pau, se trouvent aussi les quelques détails suivants : 1317-1318. Langoiran. Fiefs dus au seigneur de Langoiran par Pierre Du Vignau. 1472. Rôle des Nobles de Béarn qui doivent servir François Phœbus à la guerre : le seigneur d'Arbleix, homme d'arme. 1488-1490. Au contrat de mariage entre Espagnolet d'Antin, seigneur d'Abos, et Catherine d'Andoins, fille d'Isabelle de Gramont, figure parmi les témoins, Bernard Du Vignau. Différentes autres pièces de dates moins éloignées se trouvent encore dans les archives de Pau. Elles seront signalées dans le courant de la généalogie de cette famille.

Une lettre écrite de Versailles (22 novembre 1783), par Noble Du Vignau de Trubessé, brigadier des armées du roi et directeur au corps royal du génie, déclare avoir trouvé des détails fort curieux concernant quelques membres de cette famille vivant de 1200 à 1400. Ces détails joints à bien d'autres pièces furent brûlés en 93 par une bande de révolutionnaires venue de Lescar, qui pilla et incendia le château de Cabidos.

Le nom de Du Vignau, plus souvent écrit Du Vinhaut, figure dans les montres et revues du XVᵉ et XVIᵉ siècles, citées dans l'*Histoire de Gascogne*, de l'abbé de Monlezun.

Arnaud-Guilhem ou Arnauton fut présent à la revue faite à Montau, le 28 août 1490, sous les ordres du comte de Foix. (Monlezun, tome VI.)

Raymond Du Vignau, arquebusier à cheval porté au rôle de la compagnie de Jean de Beaudean de Parabère, gouverneur de Brest, à celle faite le 8 juin 1508. (Monlezun, tome VI.)

Jean Du Vignau était à celle passée par un capitaine du comte de Foix à Béziers, en 1525. (Monlezun, tome VI.)

La famille Du Vignau de Trubessé a formé plusieurs branches. Aujourd'hui, il ne reste plus que la branche mère dont nous allons déduire la filiation.

Les alliances de cette famille furent toutes avec les premières maisons de Béarn, Guyenne et Gascogne. En suivant la généalogie, on aura lieu de les citer, et nous nous dispensons d'en faire ici l'énumération.

I. — ARNAUTON-GUILHEM.
1419-1470.

Acheta le 6 avril 1419 la baronnie de Trubessé et ses dépendances, avec tous les droits seigneuriaux, titres, etc., mouvante de la vicomté de Louvigny. (*Acte aux archives de la famille, signé* DAUBIN, *not. roy.*) Il prit dès-lors le titre de baron de Trubessé, selon la législation féodale. Quelque temps après son acquisition, il se maria et quitta avec sa femme son château d'Arbleix pour venir habiter celui de Cabidos.

Il donna à son fils aîné Menard ou Menaut tous ses biens et titres par un contrat passé avant sa mort. (*Acte aux archives de la maison.*)

Le nom de Trubessé provient, croit-on, de deux mots saxons : *Trube,* trouble, et *see,* lac, océan.

Arnauton eut deux fils :

1. MÉNARD *ou* MENAUT;
2. FRANÇOIS.

II. — MENARD *ou* MENAUT.
1470-1514.

Attaqué par les jurats du vicomte de Louvigny au sujet de ses droits seigneuriaux, Ménard produisit ses titres et fut maintenu Noble par sentence arbitrale du vicomte de Louvigny, le 17 mars 1472. (*Acte aux archives de la famille.*) Ménard est appelé Arnauton dans un acte passé avec son frère, et figure sous ce dernier nom dans la revue faite à Montau dans le comté d'Ast, le 28 août 1490, sous le comte de Foix.

On ignore et le nom de son épouse et l'époque de son mariage. D'après un vieux parchemin, on suppose que sa femme était originaire d'une famille Noble habitant les environs de Bordeaux. Par son testament du 15 .... 1514, il laisse son fils aîné Bertonnier héritier universel. Il eut encore un autre fils qui mourut trois jours après sa naissance, et une fille, Victoire, qui entra en religion.

III. — BERTONNIER, *alias* BERTONNIEU.
1514-1554.

Servit sous Gaston de Foix et périt, croit-on, à la bataille de la Brescia; du moins on ne trouva plus de trace de lui depuis cette époque. On ignore le nom de son épouse. Il laissa, par un testament du 27 juin 1554, pour héritier universel son fils aîné Jacques.

Les enfants de Bertonnier furent :

1. JACQUES;
2. DOMINIQUE.

ARMES DE LA FAMILLE DE TASTET.

D'or à trois T de sable posés 2 et 1 et un chef d'azur chargé de deux fleurs de lys d'or rangées. Croix de St-Louis.

IV. — JACQUES.
1554-1570.

Peu de temps après la mort de son père, Jacques fit le dénombrement de ses biens. (*Acte aux archives de la famille, signé* DUPLANTIER, *not. roy.*) Il fut reconnu

Noble par un arrêté porté par le vicomte de Louvigny, duc de Gramont, passé à Casteyde-Candau le 21 juin 1554, en présence de Noble Antoine de Dufort, commandeur, Arnaud de Larrieu de Lonçon, Gaillard de Lauzin de Cabidos et Pierre Du Vignau, not. roy. Il passa toute sa vie dans son château de Cabidos, occupé à agrandir par différents achats son patrimoine. Il reconstruisit une partie du château d'Arbleix qu'un coup de foudre avait démoli.

Il épousa damoiselle Jeannette du Tastet de Mont-de-Marsan. Par son testament du 17 juin 1562, il nomme son fils aîné Dominique pour héritier universel; il laisse ses biens de Malaussanne à Bernard; 50 livres bordelaises à Marie; ses propriétés de Pimbo à Lucas. (*Ce testament se trouve aux archives de sa famille. Jacques a signé avec une croix; les témoins sont: Pierre de Laforcade de Malaussanne, Josau de Lafargue de Clarac, habitant Malaussanne, Grassiot du Lacq de Lonçon, et Laborde, not. roy.*)

A cause de sa bonté et comme marque de noble extraction, ses vassaux l'avaient surnommé *l'ou gentil dé Trubessé.*

Il fit plusieurs achats, comme nous l'avons dit, entre autres celui de la propriété de Casenave, située au Méracq. (*Acte aux archives de la famille.*) Cet acte commence ainsi: *Conégude cause hic à toutes qué Ramonet de Casenave dict Larroudé d'aou loc d'ou Mérac loquouaou dé son bon grat et volontat réconègue et confesse avec vendat et alienat aux vols et coustumes d'ou dict loc d'ou Mérac à Noble Jacques Du Vignau, escuyer seigneur de Trubessé d'ou loc de Cabidos, la pèce de terre, mason, jardin, pour la somme de cent francs bordaley contans et soixante ardits.... etc...*

Fait au marché d'Arzacq, le 22 mes de décembre de l'an 1554. Présents : Fortanier de Minvielle d'ou Mérac, Pierre de Lasmarrigue de Mialos, Bernard de Castagnet de Louvigny et iou Jean de Laborde, not. roy.

Jacques vendit le 24 mars 1555 un lopin de terre. (*Acte aux archives de Pau.*)

Les enfants de Jacques sont :

1. DOMINIQUE ;
2. BERNARD *ou* BERNARDOU (*voir plus bas*) ;
3. MATHIEU ;
4. PIERRE, qui entra dans les ordres et fut bachelier et docteur en théologie, chanoine et vicaire-général du diocèse d'Aire (Landes) ;
5. LUCAS (*voir plus bas*) ;
6. JEANNE, qui fut mariée le 14 mars 1598 à M. de Labat de Lonçon (*Acte aux archives de la famille*) ;
7. MARIE.

ARMES DE LA FAMILLE DE CANDAU.
D'argent à la croix de sable fleuronnée. — Ecu soutenu par un lion couché.
Devise : *Tollam et defendam.*

V. — DOMINIQUE *ou* DOMINGUE.
1570-1606.

Dominique mena une vie tout opposée à celle de son père. Jeune, il entra dans la carrière des armes et y passa presque toute son existence. Jeanne d'Albret

venait d'arborer dans ses États le drapeau protestant.
Le roi de France ému de la rapidité avec laquelle cette
nouvelle doctrine gagnait dans le Midi de la France,
chargea le baron de Terride, cousin de Dominique, de
réduire à sa soumission Jeanne. Parmi les seigneurs
qui se joignirent à l'envoyé de Charles IX se trouvait
Arnaud de Gontaut, et Dominique servait dans sa compagnie en qualité de lieutenant ou d'enseigne. Il assista à la prise d'Orthez et de Pau et se retira ensuite
à Cabidos pour se marier. Le 20 septembre 1575, il
épousa à Morgans Noble Marie de Candau. (*Acte aux
archives de la famille.*) *Les témoins furent : Pierre de
Candau, abbé de Saint-Giron; Johan Dufau, curé de
Casteylis; Pierre de Junca, Pierre Du Tarret et Dubast,
not. roy.*) Marie était fille de Johan de Candau et de
Marie de Labadie.

L'*Histoire du Béarn* rapporte les vers patois qu'un
membre de cette charitable famille avait fait graver
au-dessous de ses armoiries qui ornaient la porte prin-
cipale de leur castel :

Chens bourrail, t'aü prouabet
(Sans verrou pour le pauvre.)

Dévoué à la cause du Béarnais, Dominique assista à
ses premières victoires. A la bataille de Coutras, il reçut une grave blessure qui le força à quitter le métier
des armes. En récompense de ses services, il reçut le
commandement du château de Hagetmau qui appartenait au duc de Gramont. Ce dernier avait une très
grande affection pour son ancien compagnon d'armes
et le traitait toujours familièrement. Il l'appelait son bon
capitaine de Trubessé.

Obligé de prouver ses titres de noblesse, Dominique
fut maintenu Noble par un jugement rendu le 17 mars

1580, par Messire Jean Degasq, conseiller du roi au Parlement et commissaire pour la vérification des francs fiefs de Guyenne et de Gascogne. Le 13 janvier 1605, la comtesse de Louvigny affranchit de fiefs et autres charges Dominique. (*Acte aux archives de la famille, signé :* CORISANDRE D'ANDOUINS et DUCHESNE, *not. roy.*)

Dominique fit, durant sa vie, plusieurs achats de terres. Les principaux sont : 1581, le 28 novembre, acquisition de la maison, prairie et propriété du sieur Christian de Pimbo. Acte signé : DUVIGNAU, *not. roy.* —1570, 28 octobre, de la terre Lastabielh. Acte signé : ARTEY, *not. roy.* — 1588, 25 avril, de la prairie de Chalabart. Acte signé : DUCHESNE, *not. roy.*

Quelque temps avant sa mort qui arriva le 12 mai 1606, Dominique avait été affranchi de fiefs et autres charges pour la maison Noble de Trubessé, par Christophe Nicellias, procureur des terres de Monseigneur de Gramont, habitant Bidache. (*Acte aux archives de la famille, passé au château de Hagetmau, après midi, le 15 octobre 1604, signé :* DUCHESNE, *not. roy.*)

Par un testament du 13 février 1606, Dominique institua pour son héritier universel son fils aîné Pierre. *Acte aux archives de la famille, signé :* DUCHESNE, *not. roy.*)

Parmi les autres pièces où figure Dominique, on trouve :

1570, 30 novembre. — Fondation de la cure de Cabidos, créée par Jean de Casanora, évêque de Lescar, en faveur de Jean de Laforcade. (*Acte aux archives de la famille*).

1575, 20 novembre. — Echange de terre faite entre Dominique et Jean de Lagreulet. (*Acte aux archives de la famille, signé :* (D'ARTIZ, *not. roy.*)

1576, 16 octobre. — Achat fait par Dominique, de la prairie de Lagreulet. (*Acte aux archives de la famille, signé :* D'ARTIZ, *not. roy.*)

1580, 23 juillet. — Contrat d'achat fait par Dominique du moulin dit Laboye. (*Acte aux archives de la famille, signé :* DE LABEYRIE, *not. roy.*)

1583, 1er décembre. — Contrat d'affermage du moulin placé sur le Luy et appartenant au couvent de Saint-Giron, entre les chanoines de cette abbaye en faveur de Dominique. (*Acte aux archives de la famille, signé :* DE LABEYRIE, *not. roy. Témoins : Pierre Dubroca prêtre, et Jean de Puyo, prêtre. Parmi les noms des chanoines se trouvent Pierre de Candau, Bernard de Lapeyre, Laurent de Lamorens, Bernard Dombidonnes, Jean de Forcan et Pierre de Laforcade.*)

1589-1591. — Vente de terre par Jean de Fixo, jurat de Montagut, à Dominique. (*Acte aux archives de Pau, signé :* JACNOT DE LENDRESSE, *notaire de Soubestre.*)

1590-1594. — Dominique assiste comme témoin au contrat de mariage de Jacques Des-Pruets, fils de Bernard et Jeanne du Rey, fille de Guilaumolo. (*Acte aux archives de Pau.*)

1594, 29 juillet. — Procuration donnée à Dominique et à Jacques Duchesne, notaire et procureur juridictionnel du vicomte de Louvigny, par Du Vignau, son oncle, chanoine de Saint-Giron, pour donner à bail les revenus de la baronnie de Lescun, Lasseube et autres seigneuries appartenant à Corisandre d'Andouins, dont le chanoine Du Vignau était fondé de pouvoir par procuration datée du Louvre le 29 juillet 1594. (*Acte aux archives de Pau.*)

1600, 24 décembre. — Obligation en faveur de Dominique par Joandet Darribère de Piets. (*Acte aux archives de la famille, signé :* DUCHESNE, *not. roy.*)

1603. — Dominique assista en qualité de témoin à la transaction passée entre Jean de Junca et Jeanne de Junca, femme de Jean de Casenabe, sieur de Caseye du pays de Soule, au sujet de la succession de Jean de Junca et Charlotte de Boure. (*Acte aux archives de Pau.*)

1605, 25 juillet. — Quittance en faveur de Dominique contre Jean Du Vignau, dit Lortée. (*Acte aux archives de la famille, signé :* D'ARTIZ, *not. roy.*)

De son union avec Marie de Candau, Dominique eut les enfants suivants :

1. PIERRE, mort quelques jours après le décès de son père ;

2. MATHIEU ;

3. PIERRE, chanoine de Saint-Giron, curé de Monein, puis de Cabidos. Il laissa ses biens à son neveu par un testament daté du 15 novembre 1638. (*Acte aux archives de la famille, signé :* DELABEURE, *not. roy. Les témoins furent : Raymond Dezorthes, curé d'Arzacq ; Pierre Dubourdieu, lieutenant.*) Dans les archives de la famille on trouve encore : 1° Le titre à la cure de Cabidos, signé : Henricus de Salette, évêque de Lescar, daté du 20 mars 1632 ; 2° Une obligation faite en faveur de Pierre par Pierre d'Anguin ;

4. FRANÇOIS, chanoine et curé de Pimbo, puis de Cabidos. Le titre de la cure de Cabidos, puis celui de la prébende de Corbina, se trouvent dans les archives de la famille et sont signés : Henricus de Salette, évêque de Lescar ;

5. LUCAS, chanoine de Pimbo, curé de Cabidos et de Phillondens. Ces deux titres se trouvent dans les archives de la famille et sont signés : Henricus de Salette, évêque de Lescar. Le premier est daté du 5 juin 1621 ; le second du 2 août 1639. Quelques jours après son installation à la cure de Phillondens, Lucas mourut.

6. BERTRANDE, mariée au sieur Raymond de Sar-raute ;

7. MARTHE, mariée le 15 janvier 1614 à M. de Liracq d'Arzacq. L'évêque de Lescar célébra ce mariage ;

8. CATHERINE, mariée le 17 décembre 1613 à Noble Pierre de Mariolet ;

9. RAYMONDE, mariée le 9 février 1617 au sire de Desorthes ;

10. JEAN, mort deux ans après le décès de son père.

ARMES DE LA FAMILLE DE SARRAUTE.

Écartelé au 1 de gueules à un croissant d'argent surmonté d'une étoile de même. Au 2 et 3 d'azur à deux lions d'or passants l'un sur l'autre, lampassés et armés de gueules. Au 4 de gueules à trois faces ondées d'argent.

VI. — MATHIEU.
1606-1615.

Seul enfant mâle qui n'entra pas dans les ordres ; hérita par la mort de son frère aîné et par une cession qui fut faite par ses frères en sa faveur des biens et ti-

tres de son père. (*Acte aux archives de la famille.*
Présents : Pierre de Candau, abbé de Saint-Giron;
Etienne de Brasser, conseiller du roi au Parlement de
Navarre, leurs proches parents et alliés; Raymond De-
sorthes, curé d'Arzacq; Pierre de Mondon, procureur
d'office au comté de Louvigny, et D'ARTIZ, *not. roy.*)

L'an 1607, Mathieu fit le dénombrement de ses biens.
(*Acte aux archives de la famille, signé :* DU VIGNAU,
not. roy.) Il périt très jeune des suites d'une blessure.
La famille possède deux lettres qui lui avaient été écrites de la main d'Henri IV, pour le féliciter de son bon
service militaire. En 1613 et le 15 février, Mathieu
proposa à l'évêque de Lescar, Dominique Lauzin pour
curé de Cabidos. (*Acte aux archives de la famille, si-*
gné : PRUCH, *not. roy.*)

Marié le 1er mars 1605 à Marie de Sarraute, Mathieu
eut les trois enfants suivants :

1. PIERRE qui suit;
2. MATHIEU qui suit;
3. CATHERINE, mariée à Laurent de Bruïx, le 20 décembre 1646. (*Acte aux archives de la famille,*
   signé : CAZAUBIELH, *not. roy.*) Laurent était fils
   de Pierre de Bruïx et de Jeanne de Beuxis.
   Parmi les assistants au contrat se trouvent :
   Gauby, François et Marc de Bruïx, Jacques de
   Parabère, Catherine Du Vignau sa tante, Ray-
   mond de Sarraute son parrain, le sire de Ma-
   riolet.

ARMES DE LA FAMILLE D'ANGUIN.

Ecartelé : au 1 et 4 d'azur au lion d'or; au 2 et 3 à l'arbre de sinople.

VII. — PIERRE.
1615-1688.

Fit ses études latines à Bordeaux. A l'âge de seize ans il entra au service et resta quelque temps en garnison à Metz. Il passa ensuite au grade de capitaine dans la garde du roi. Au siége de Montauban, voulant escalader les murs de cette ville à la tête de sa compagnie, il reçut un coup de feu. Ramené à son château de Cabidos, il y rendit le dernier soupir quelques jours après son arrivée. Le 1er mars 1629, il s'était marié avec Marguerite d'Anguin et n'eut pas d'enfants. Marguerite était fille de Noble François d'Anguin et de Jeanne de Narcastez. Parmi les personnes qui assistèrent au contrat de mariage, furent : *Antoinette de Narcastez sa tante, femme de Noble Jean de Mongaurin, Noble Pierre de Candau abbé de Coublucq, Noble Armand d'Anguin.*

Une ancêtre de Marguerite, Jeanne d'Anguin, fille de Noble Armand d'Anguin et de Catherine d'Abadie, avec le concours d'Elisabeth de la Forgue, et de Françoise de la Croix, toutes religieuses Ursulines, fondèrent à Saint-Sever le couvent de cet Ordre. (Acte aux archives de la famille.)

Quelque temps après la mort de son mari, Marguerite entra comme religieuse au couvent de Saint-Sever et mourut abbesse de cet établissement.

Avant sa mort, Pierre laissa son frère cadet Mathieu héritier universel de tous ses biens et ses titres, par un testament daté du 5 novembre 1638. (*Acte aux archives de la famille.*)

Le 26 janvier 1638, Pierre présenta le dénombrement de ses biens à Noble Jacques de Foix, et fut maintenu Noble par une sentence signée de Jacques.

Parmi les pièces renfermées aux différentes archives concernant Pierre, se trouvent : 1618, 19 mars. Cession faite par Pierre à Antoine Du Vignau, not. roy. (*Acte aux archives de la famille, témoins : Pierre Du Vignau dit Chalabart, et Lucas Du Vignau, signé :* DUTARET, *not. roy.*)

1621. — Pierre proposa son oncle Lucas à l'évêque de Lescar pour être curé de Cabidos.

1624, 19 janvier. — Pierre achète la propriété Duchesne, située à Malaussanne, à Dominique Duchesne, chanoine et vicaire-général de Lescar. (*Acte aux archives de la famille, témoins : Jacques de Feuga, curé de Garos; Jacques de Minbielle, Jacques de Cazenabe de Phillondens, signé :* D'ARTIZ, *not. roy.*)

1628, 9 septembre. — Pierre achète le champ Duchesne à Campguilhem dit Labat. (*Acte aux archives de la famille, signé :* DUTARET, *not. roy.*)

1632. — Pierre propose à l'évêque de Lescar son oncle Pierre pour la cure de Cabidos.

1632, 12 juin. — Obligation en faveur de Pierre par Jacques Castéra dit Lamothe. (*Acte aux archives de la famille, témoins : Manaud de Suberbielle, Berdurou de Soustar, signé :* DE LAUZIN, *not. roy.*)

1630-1634. — Cession de terre par Pierre à Bernard du Puzon d'Arget. (*Acte aux archives de Pau, signé :* JACQUES DAUBIN, *not. roy.*)

1637. — Echange de terre faite entre Pierre et Raymonet de Luyoo dit Marianne de Montagut. (*Acte aux archives de la famille.*)

ARMES DE LA FAMILLE DE TUQUOY.
D'azur à un pélican d'or dans son nid d'argent.

VIII. — MATHIEU.
1638-1642.

Comme son frère, Mathieu entra très jeune dans la carrière militaire. Le 15 novembre 1635, il fut nommé par lettres patentes du roi Louis XIII au grade de capitaine en chef au régiment de Béarn. (*Brevet aux archives de la famille.*) Le 15 octobre 1635, Louis XIII passant à Arzacq, Mathieu vient lui offrir hommage pour ses biens nobles; et, quelque temps après 1636, le roi de France lui envoyait de Paris des lettres patentes par lesquelles Mathieu était déclaré Noble. (*Lettres aux archives de la famille.*)

Le 15 avril 1636, il épousa Jeanne de Tuquoy de Saint-Sever. (*Contrat aux archives de la famille.*) Jeanne était fille légitime de feu Jean de Tuquoy, conseiller et avocat du roi au siége de Saint-Sever, et de damoiselle Quyteire Dombidonnes. Parmi les personnes qui assistèrent à ce contrat furent *Jean de Tuquoy*, docteur en théologie, religieux et sacristain du monastère et abbaye, ordre de Saint-Benoît, à la ville de Saint-Sever; *Christophe de Tuquoy*, abbé de Pimbo; *Christophe Dupin*, homme d'arme; *Paul de Cabannes*, avocat et beau-frère de Jeanne, et *Dubourdieu*, not. roy.

Quelque temps après son mariage, Mathieu fut obligé de rejoindre sa compagnie qui guerroyait en Périgord.

Quelques jours avant son départ pour cette province, il avait reçu la lettre suivante du duc de Gramont : *Il est ordonné aux dix premières compagnies du régiment de Béarn de s'en aller en garnison à St-Esprit et dans les deux forts. Incontinent, après que l'armée sera partie d'icq et de suivre les ordres qui leur seront par nous donnés. Faict au camp de St-Jean de Lux, le 30 octobre 1638. GRAMONT.*

En partant, Mathieu donna à sa femme la gérance de tous ses biens par un acte passé devant notaire (*Acte aux archives de la famille*). Son absence fut très-courte, car peu de jours après il tenait sur les fonts baptismaux, en qualité de parrain, et sa femme comme marraine, noble Mathieu Dupoy, fils de noble Christophe Dupoy, capitaine au régiment de Béarn, et de Jeanne de Tuquoy, sœur cadette de Madame de Trubessé; *signé aux registres :* LAFFITE, curé.

L'année suivante, les Espagnols ayant fait une nouvelle irruption dans le Roussillon, Louis XIII envoya le maréchal de la Meilleraye refouler l'ennemi. Mathieu reprit le mousquet; mais dès le début de la campagne, il reçut dans une des premières rencontres un coup de feu en pleine poitrine (février 1642), et fut tué roide. Mathieu fut vivement regretté par ses com-

pagnons d'armes. Plusieurs d'entre eux écrivirent de
charmantes lettres de condoléance à la jeune veuve
Jeanne de Tuquoy. Par un testament du 30 mai 1639,
il avait institué son fils aîné, Pierre, pour son héritier
universel, et avait nommé sa femme tutrice, car Pierre
avait trois ans.

Les actes dans lesquels figure Mathieu sont :

1638, 15 mars. — Obligation faite en faveur de
Mathieu par Domingue Lauzin et Anne d'Anglade de
Cabidos (*Acte aux archives de la famille, signé :* CAS-
TING, *not. roy.*

1638, 10 octobre. — Obligation faite en faveur de
Mathieu, par Arnaud d'Artiz de Cabidos (*Acte aux archives de la famille, passé à Peyourade, signé :* DARRIEU,
*not. roy. Témoins : de Lafargue de Cabidos, soldat
dans la compagnie de Mathieu, et Bernard Cassoulet,
marchand*).

1639, 23 janvier. — Contrat d'affermage de la mey-
terie de Lauribat, située à Cabidos, entre Mathieu et
Jean de Lamarque, laboureur, habitant dudit lieu. (*Acte
aux archives de la famille, signé :* DU DABAUT, *not. roy.
Témoins : Mathieu de Lafeyrie, et Pierre de la Maure*).

1639, 24 septembre. — Mathieu propose à l'évêque
de Lescar, son oncle, François pour la cure de Cabidos
(*Acte aux archives de la famille*).

1639. — Mathieu propose à l'évêque de Lescar, son
oncle, Lucas pour la cure de Phillondens (*Acte aux archives de la famille*).

1640, 15 décembre. — Acquit fait par l'évêque de
Lescar en faveur de Mathieu (*Acte aux archives de la
famille*).

Les enfants de Mathieu furent :

1. PIERRE qui suit.

2. JEANNE.

3. ANGÉLIQUE entra en religion et devint supérieure du couvent des Ursulines de St-Sever. Dans les archives de la maison se trouve la quittance donnée à Jeanne de Tuquoy par Catherine de —Loubrène, supérieure, au sujet de sa dot, le 7 septembre 1665; signé DUPOY, *not. roy.*, en présence de *noble Pierre de Cloche baron d'Arthos*, représentant de Madame de Trubessé.

ARMES DE LA FAMILLE DES PRUETS.
D'azur à une chapelle d'argent sur une terrasse d'or ombrée de sinople.

IX. — PIERRE.
1642-1692.

Fut marié à l'âge de 25 ans à Antoinette Des-Pruets de Garos (*), qui lui porta 20,000 livres bordaloises comptant. (*Acte aux archives de la famille, signé* : DU-BARRIT, *not. roy., et passé le 12 novembre 1661.*) Antoinette était fille de noble Jean Des-Pruets et de Catherine

---

ONCLES DE MADAME DE TRUBESSÉ.

(*) 1º *Bernard Des-Pruets*, évêque de St-Papoul, rapporta à Cabidos le pouce de relique de saint Eutrope qui existe encore dans l'église de cette paroisse (Le testament olographe de Bernard se trouve aux archives de la famille. Il laisse ses biens à ses deux frères).

2º *Mathieu Des-Pruets*, abbé de l'abbaye de la Nouvelle, chanoine de Saintes, parrain d'Antoinette, laissa sa fortune à son neveu Elie de Trubessé par un testament dans lequel il avait nommé pour exécuteurs testamentaires

de Sarraute de Morlaas, qui était elle-même fille de noble
Bernard de Sarraute, aide-de-camp de l'armée du roi.
Parmi les témoins qui signèrent le contrat furent :
*Jeanne de Tuquoy; Christophe de Tuquoy, abbé de
Pimbo ; noble Dominique de Mariolet; noble Paul de
Cabannes, capitaine; Catherine de Sarraute; Elie Des-
Pruets, prêtre, docteur en théologie; Messire Henri de
Candau, baron de Bellegarde ; Jean de Sarraute, sei-
gneur de Vignes.*

Le père d'Antoinette, Noble Jean Des-Pruets, s'était
marié deux fois. Des enfants du premier lit il n'avait
eu qu'Anne Des-Pruets qui se maria le 29 décembre
1648 à Bernard de Bruix de Buan. De son union avec
Catherine il eut deux filles : Antoinette et Françoise.
Quelques jours après le mariage de sa fille mourut
Jean Des-Pruets. Sa veuve se fit religieuse. Françoise
épousa le sieur Loustau, et il existe encore un membre
de cette famille, Auguste Des-Pruets Loustau, marié
à une demoiselle de Marsan.

Pierre fut obligé de produire ses titres, et fut reconnu noble par un jugement du 22 mars 1666. (*Acte
aux archives de la famille, signé :* DAILHENCQ, *commissaire subdélégué.*) Il fut encore reconnu noble par
un arrêté du 1er février 1680. (*Acte aux archives de
la famille, signé :* CASTAGNÈRE, *commissaire.*) Il laissa,
par un testament du 14 septembre 1698, son fils aîné
Elie pour son héritier universel.

Luc de Lafargue et Arnaud de Campgrand, tous deux chanoines. Il était
propriétaire de la seigneurie de St-Sorlin de Coudret.
3° *Elie-Arnaud Des-Pruets*, chanoine de Lescar. Par son testament, il
voulut que les intérêts de sa fortune fussent employés à l'éducation des
enfants mâles des familles de Trubessé, Des-Pruets et Garmousset de Morlanne. Il laissa une propriété et deux maisons à Lescar qui furent vendues,
et de cet argent, les trois familles d'accord achetèrent les Manescau, à Garos.

Parmi les pièces concernant Pierre et sa mère, se trouvent :

1642, 13 septembre. — Obligation en faveur de Jeanne de Tuquoy, par Jean de Molère, dit Gran, habitant Cabidos. (*Acte aux archives de la famille. Témoins : Jean de Larandie et Arnaud de Laborde; signé :* Dufau, *not. roy.*)

1643, 1ᵉʳ janvier. — Acquit de Monsieur le Curé de Cabidos, Dufau, à Madame de Trubessé, pour le payement des obits laissés par son mari. (*Actes aux archives de la famille.*)

1543, 19 septembre. — Achat fait par Pierre du champ débat Duchesne, à Dominique de Campguilhem dit Labat. (*Acte aux archives de la famille. Témoins : Bernard de Lagreillet dit de Lauzin, et Jean de Vivens; signé :* du Tazet, *not. roy.*)

1646, 11 janvier. — Obligation en faveur de Jeanne de Tuquoy par Valentin Dupeyron de Douazit. (*Acte aux archives de la famille. Témoins : Jean Dumartin, prébendier, et Roger Dupeyron; signé :* Dubuc, *not. roy.*)

1647, 6 février. — Obligation consentie en faveur de Jeanne de Tuquoy, par Bernard Duchesne de Cabidos. (*Acte aux archives de la famille. Témoin : Jean de Lagreillet; signé :* de Lauzin, *not. roy.*)

1647, 30 avril. — Achat fait par Pierre Du Vignau, chanoine, et Jeanne de Tuquoy, de deux journades de terre, prairie dite de Larribère du Plaà, à Bernard de Larquier, dit du Plaà. (*Acte aux archives de la famille. Témoins : Domenges, d'Artiz et Antoine Destrémau dit Johandet, de Cabidos; signé :* de Lauzin, *not. roy.*)

1648, 27 décembre. — Proposition faite par Pierre à l'évêque de Lescar de nommer Jean Desport à la cure de Cabidos.

1649, 5 avril. — Pierre Du Vignau, chanoine de Saint-Giron, et Jeanne de Tuquoy, achètent la propriété dite de Lartigue, dans le territoire d'Arzacq, à Pierre de Casta dit Larroture. (*Acte aux archives de la famille. Témoins : Jean de Tavernier, Dominique de Lahitte; signé :* DE LAUZIN, *not. roy.*)

1652, 2 mars. — Pierre Du Vignau, chanoine de Saint-Giron, et Jeanne de Tuquoy, achètent le Touya dit de Lasaude, dans le territoire de Malaussanne, à Fortanier de Castéra dit Larodé. (*Acte aux archives de la famille. Témoins : Jean de Tavernier, noble de Labarthe; signé :* DE LAUZIN. *not. roy.*)

1653, 20 mars. — Obligation en faveur de Jeanne de Tuquoy, par Arnaud d'Arricau de Samadet. (*Acte aux archives de la famille. Témoins : Jean Dupin, docteur en théologie, curé de Samadet; Jean de Moncada, chirurgien de Samadet; signé :* PASSICOS, *not. roy.*)

1654, 12 juin. — Obligation en faveur de Jeanne de Tuquoy, par Jacques Castéra dit Lamothe de Cabidos. (*Acte aux archives de la famille. Témoins : Pierre Dufau, prêtre et curé de Cabidos; Jean de Tavernier; signé :* DE LAUZIN, *not. roy.*)

1657, 25 septembre. — Jeanne de Tuquoy achète la prairie dite de l'ou Tambouret, située à Arzacq, à Madelon et Bernard de Bayle. (*Acte aux archives de la famille, signé :* DE LAUZIN, *not. roy.*)

1660, 24 octobre. — Jeanne de Tuquoy autorise Mathieu d'Albin dit Darribère, et Bernard de Cazalis dit Bop, habitants de Phillondenx, à prendre le bois de construction qui leur sera nécessaire pendant un an dans les bois d'Arbleix et de Péchevin. (*Acte aux archives de la famille, signé :* DE TAVERNIER, *not, roy.*)

1661, 3 janvier. — Echange de la terre dite du Moulias

par Jeanne de Tuquoy, avec celle dite Peyraubé appartenant à Pierre Dufau, curé de Montagut. (*Acte aux archives de la famille. Témoins : Martin Dufau, homme d'armes; Bernard de Boulin, marchand; signé :* DE TAVERNIER, *not. roy.*)

1662, 12 décembre. — Obligation en faveur de Jeanne de Tuquoy, par Jean de Béon dit d'Anget de Phillondens. (*Acte aux archives de la famille, signé :* DUBOURDIEU, *not. roy.*)

1663, 14 avril. — Transaction passée entre Jean de Monpezat et Mathieu Des-Pruets, au sujet d'un legs laissé par feu son frère, l'évêque de Saint-Papoul, à cette cathédrale. (*Acte aux archives de la famille. Témoins : Guillaume de Menrejol, prêtre et prieur, et Jean Mers, prêtre; signé :* DESARNAUT, *not. roy.*)

1668, 19 août. — Billet privé, consenti par Pierre, en faveur de M. de Candau. (*Acte aux archives de la famille.*)

1665-1672. — Vente de terre faite par Pierre en faveur de Bernard de Casenave de Plasence. (*Acte aux archives de Pau, signé :* JEREMI DE CABI, *not. de Soubestre.*)

1681-1691. — Vente de terre faite par Pierre en faveur de Guilhem du Poey. (*Acte aux archives de Pau, signé :* PIERRE DE SALLES et JEAN DE GARNOUSSET, *not. de Soubestre*).

1682, 12 mai. — Arrêté des présidents trésoriers de France qui oblige Pierre à faire le dénombrement de ses biens. (*Acte aux archives de la famille, signé :* DORET.)

1682, 13 juin. — Procuration donnée par Pierre à Guillaume Dufau, curé de Cabidos, pour la gérance des biens de la seigneurie de Sorlin du Coudret. (*Acte aux archives de la famille.*)

1689. — Vente de terre faite par Pierre en faveur de Jean de Fourquet. (*Acte aux archives de Pau, etc.*)

Pierre eut les quatre enfants suivants :

1. ELIE, qui suit.

2. HENRI, qui entra dans les ordres, devint chanoine de la cathédrale d'Aire (Landes). Il fut enseveli, le 27 août 1775, dans la cathédrale d'Aire, sous le maître-autel de la chapelle Notre-Dame.

3. ANGÉLIQUE naquit en 1670 et fut mariée, le 4 janvier 1695, au baron de Casteide Candau. Elle mourut le 17 novembre 1758 et laissa, par un testament du 19 février 1722, tous ses biens à son frère Elie.

4. JEANNE qui ne s'établit pas. Elle avait été surnommée Nanette, et figure sous ce nom dans certains actes renfermés aux archives de la maison. Elle nomma son frère Elie pour héritier.

ARMES DE LA FAMILLE DE BÉON.

Armes des vicomtes de Béarn.

D'or à deux vaches posées l'une au-dessous de l'autre, onglées, accornées, accolées et clarinées d'azur.

X. — ELIE

1692-1749.

Epousa le 12 juin 1698 Marguerite de Frexon d'Oleron qui se retira quelques jours après son mariage à Pau, où elle mourut sans postérité. Le 28 mars 1689, Elie

fut nommé par Louis XIV capitaine au régiment de
Champagne (*Brevet aux archives de la famille*). C'était
au temps des dragonnades, et dans une de ces expé-
ditions il reçut un coup de feu au bras. Quelques jours
après, guéri de sa blessure, Elie recevait à son château
de Cabidos la lettre suivante du duc de Gramont :

   « Je vois, mon cher Monsieur, par la lettre que vous
» m'avez écrite le 6 de ce moys, avec quel ménagement
» vous avez procédé dans le comté de Louvigny, à la
» levée des milices ordonnée par le roy.

   « Je vous remercie de votre attention pour ce qui
» me regarde, et de la politesse avec laquelle vous
» avez agi. Soyez persuadé que je voudrais trouver
» l'occasion de vous en rendre service en quoi que ce
» soit. Tout à vous, le DUC DE GRAMONT. Versailles, le
» 24 may 1720. » (*Lettre aux archives de la famille,
écrite et signée de la main du duc.*)

De nombreux et interminables procès agitèrent la
vie d'Elie. Les plus considérables furent : celui qu'il
eut à soutenir contre sa sœur Angélique de Trubessé,
mariée au baron de Casteyde Candau, et celui contre
son neveu Jacques de Bruix. Par un acte passé le 21
mai 1741 et retenu par Lafitte, notaire à Pau, Elie avait
donné à son neveu tous ses biens et ses titres à son
décès, sous condition qu'il pouvait retirer cette dotation dans le cas où il aurait un héritier mâle.

Quelques jours après, une affaire de métayers ayant
brouillé l'oncle et le neveu, Elie se repentit de sa donation et pensa, malgré son âge, à se remarier. Il alla
trouver son ancien compagnon d'armes, Messire Jean-
Dominique de Fontanes de Béon, en Ossau, chevalier
de l'ordre de Saint-Louis, capitaine de cavalerie au régiment du Dauphin. Il demanda et obtint l'aînée des

trois filles de Jean, Marie de Béon, et le mariage eut
lieu le 8 juin 1741. Le sire de Béon n'avait que trois
filles, Marie, Anne et Françoise. Agé de soixante-douze
ans, Elie mourut le 1ᵉʳ mai 1748, dans son château de
Cabidos, et fut enterré dans le caveau de ses ancêtres
placé sous le maître-autel de l'église Notre-Dame de
Cabidos.

Les principales pièces ayant rapport à Elie, sont :

1700, 24 mars. — Relaxe en faveur d'Elie pour ses
biens nobles. (*Acte aux archives de la famille, signé
Louis Bazin, cher seigneur de Bezon, conseiller d'Etat
ordinaire, intendant de la justice, police et finances en
la généralité de Bordeaux*).

1701, 23 octobre. — Achat d'un arpent de Touya
fait par Pierre de Malambit, dit Pensaa d'Arbleix, à
Elie. (*Acte aux archives de la famille, signé* : BERGEROT,
*not. roy. Témoins : Bernard Ferès, curé de Phillondenx,
et Vincent Montaut, régent.*)

1700-1706. — Vente de terre faite par Elie en faveur
de Bertrand de la Frinestre d'Arzacq. (*Acte aux archives de Pau, signé* : JEAN DE BERGEROT, *notaire de
Soubestre.*)

1700-1706. — Echange de terre fait entre Elie et
Bernard de Bayle, dit Pessarrat de Cabidos. (*Acte aux
archives de Pau, signé : PIERRE DUFAU, notaire de
Soubestre.*)

1703, 25 avril. — Quittance donnée à Elie par Isabeau de Cabannes, veuve de feu Pierre Desault, apo-
thicaire.

1705, 11 juin. — Transaction passée entre Elie et
ses deux sœurs Jeanne et Angélique, au sujet des droits
qu'elles ont à réclamer sur la maison de Trubessé, en
vertu du testament de leur père. (*Acte aux archives de*

la famille. Témoins : noble Thimothée de Rochefort de Malaussanne, leur oncle, et Pierre de Barros, seigneur de Lauret; signé : BASTIDE, *not. roy.*)

1712, 24 juillet. — Quittance donnée par Marie de Loyard, supérieure des religieuses de Notre-Dame de Pau, à Madame de Trubessé, pour solde de tout payement, pour l'éducation donnée dans le courant de cette année à sa fille.

1722, 9 septembre. — Présentation faite par Elie à l'évêque de Lescar, pour curé de Cabidos, de Maistre Jean Dufau, vicaire auxiliaire de la cure de Cabidos, à la place de feu Maistre Pierre Labaig. (*Acte aux archives de la famille. Témoins : Jean de Carrère dit Tombé, tailleur; Innocent Du Vignau dit Pélude, de Cabidos; signé :* BERNARD DU VIGNEAU, *notaire apostolique.*)

1726, 30 mai. — Ordonnance donnée par les sieurs Charles, Nicolas le Clerc, de Lasseuille, chevalier, le comte de Charbonnières, à Elie, de faire tirer au sort et de prendre un soldat parmi les jeunes gens suivants : Jean de Portets, Jean de Bergeron, Arnaud du Loup, Labordoy. (*Acte aux archives de la famille.*)

1733, 21 septembre. — Quittance finale donnée à Elie comme exécuteur testamentaire et héritier de sa sœur Angélique de Casteyde Candau, pour le legs laissé par cette dame à l'église de Casteyde. (*Acte aux archives de la famille. Témoins : Jacques de Lagreulet et Jean de Castéra dit Hontarrède; signé :* DENGUIN, *not. roy.*)

1732, 11 décembre. — Obligation contractée par Elie, en faveur de Pierre Dufau, curé de Mérac. (*Acte aux archives de la famille. Témoins : Daniel de Labernade, avocat au Parlement; Dominique du Taret; signé :* DUBERN; *not. roy.*)

1734, 2 février. — Quittance donnée par Jean Giraudy, sculpteur, à Elie, pour payement de travaux exécutés à la cathédrale de Lescar. (*Acte aux archives de la famille.*)

1737, 26 août. — Quittance de Charlotte de Caumon de Lauzun, abbesse de Xaintes, au sujet de la rente payée à Elie de Trubessé, comme héritier de Mathieu Des-Pruets. (*Acte aux archives de la famille.*)

1738, 24 février. — Contrat de bornage passé entre Elie et Pierre de Malambits d'Arbleix, au sujet de la limite de leurs terres. (*Acte aux archives de la famille. Témoins : Antoine de Nola, cordonnier à Arzacq, et Pierre Carrère de Vignes; signé :* LANUX, *not. roy*).

1738, 16 avril. — Présentation faite par Elie à l'évêque de Lescar, pour la cure de Phillondens, de noble Christophe de Bruix. (*Acte aux archives de la famille. Témoins : Joseph de Salles, Duprat et Jean Martin, bourgeois de Garos; signé :* CASTAING, *not. roy.*)

1738, 24 octobre. — Saisie opérée contre Elie sur un refus fait par lui de solder une somme qui lui était réclamée par l'hôpital de Pau. Daniel Laterrade agissant pour de Blanier, sindict dudit hôpital. (*Acte aux archives de la famille. Témoins : Arnaud Dussau et Bertrand de Casteing, laboureur.*)

1738 13 juin. — Acte privé par lequel Elie reconnaît devoir à Christophe de Cabannes, seigneur baron de Cauna, lieutenant-général au siége de Saint-Sever, une somme de 635 livres 31 sols.

1740, 11 octobre. — Présentation faite par Marie de Béon à l'évêque de Lescar, pour la cure de Phillondens, à la place de feu Christophe de Bruix, de Jean Cousteau, curé de Cabidos. (*Acté aux archives de la famille. Témoins : Jean et Pierre Bayle, père et fils;*

signé : CASTELBERT, *not. roy. Nomination de l'évêque de Lescar; signé :* JOANNES DE SALETTE, *accolée à ladite pièce.*)

1742, 13 juin. — Quittance donnée à Elie par Perrin, tailleur, pour acquit de ses habits nuptiaux. (*Acte aux archives de la famille.*)

1746, 15 juillet. — Acte de rachat des biens de la seigneurie d'Arbleix et de Péchevin fait par Elie à son neveu de Bruix. (*Acte aux archives de la famille, passé à Arzacq. Témoins : Noble Paul de Louboey, escuyer; baron de Bouillon; Jean Cousteau, curé d'Arzacq; Noble Tristan de Rochefort, escuyer; seigneur, baron De Vignes; signé :* CASTELBERT, *not. roy.*)

De son union avec Marie de Béon naquirent :

1. SIMON-ANTOINE, né le 7 mars 1745. Il eut pour parrain son grand-père, Antoine de Béon, et pour marraine sa tante, Madame d'Espalungue. Il mourut quelques jours après, le 15 mars 1745, et fut enseveli dans l'église de Cabidos.

2. MARIE, née le 30 décembre 1742, et fut mariée le 18 février 1765 à Jean Du Vignau, avocat, au Mas d'Aire (Landes). Son parrain et sa marraine furent le sire de Béon et Marie de Trubessé.

3. ISABEAU, née le 1er avril 1744. Pierre de Candau, conseiller au Parlement de Navarre, et sa femme, Isabeau de Loyard, la tinrent sur les fonts baptismaux. Elle mourut sans s'être mariée au château de Cabidos, le 16 avril 1770.

4. JEANNE-JOSÈPHE, née le 8 août 1747. Parrain et marraine Jean de Basquiat, seigneur de Mugriet, et Jeanne de Salette vicomtesse de Saint-Maurice. Elle fut mariée le 20 février 1775 au baron de De Ces Caupenne.

5. JEAN-MARIE PEYRONNE qui suit.

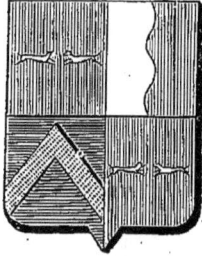

ARMES DE LA FAMILLE DE DE CES CAUPENNE.

Écartelé au 1 et 4 de gueules à deux chiens d'argent courant l'un sur l'autre. Au 2 d'argent à une face ondée de gueules. Au 3 d'azur à un chevron d'or.

XI. — JEAN-MARIE PEYRONNE.
1748-1790.

Naquit quelques jours après la mort de son père, 11 janvier 1749. Son parrain fut Jean de Talassac, seigneur de Sensac, et sa marraine Marie Peyronne de Talassac, femme du baron de Caplane. Il commença ses études chez Carrère, curé de Malaussanne. A l'âge de vingt-un ans, sa mère négocia un double mariage avec la famille de De Ces Caupenne. Le 22 février 1773, Jean-Marie Peyronne épousa à Douazit Marie-Françoise de De Ces Caupenne, et le baron de Caupenne se mariait le 20 février 1775 avec Jeanne-Josèphe de Trubessé. Cependant Marie de Béon n'avait pas vu l'accomplissement de ce double mariage, car elle était morte au château de Cabidos le 6 septembre 1769.

Quelque temps après son mariage, Marie-Françoise de Ces Caupenne mourut sans enfants.

En 1775, Antoine, Antonin de Crevant, d'Humières duc de Gramont, gouverneur et lieutenant-général pour Sa Majesté le roi de France en son royaume de Navarre et Pays souverain de Béarn, nomma Jean-Marie capitaine aux bandes Béarnaises de la ville de Morlaas.

Trois ans avant la convocation des Etats-Généraux, Marie Peyronne se rendant à Arzacq à cheval, eut sa monture qui s'emporta et il fut jeté dans un fossé. Ramené chez lui, il ne survécut que quelques jours à sa chute.

ARMES DE LA FAMILLE DE BADET-PLAISANCE.

Ecartelé au 1 de gueules à trois chevrons d'or. Au 2 et 3 d'argent avec une merlette. Au 4 de gueules avec un faucon capuchonné.

En 1775 il s'était marié en secondes noces avec Sara de Badet-Plaisance de Monein.

Encore pour Jean-Marie nous signalerons quelques pièces le concernant renfermées aux archives de la famille.

1749, 5 avril. — Acte qui nomme Marie de Béon tutrice des biens de ses enfants. Témoins : Messire Pierre de Candau, conseiller du roi au Parlement de Navarre ; Jacques de Bruix, capitaine d'infanterie, seigneur de Poursiugues ; Jean de Talassac de Bahus, seigneur dudit lieu ; Jean-Baptiste de Talassac, seigneur de Sensac, proches parents de la famille.

1775, 2 février. — Quittances données par Lapeyre, fermier du duc de Gramont, pour solde de droits payés par Madame de Trubessé au duc, pour ses terres nobles.

1762, 6 avril. — Acte de collection et fesandure passé entre Jean-Marie Peyronne au sujet du château et propriété d'Arbleix avec Jean de Lartigue. Témoins : Ber-

trand de Casteing dit Pierrot, et Etienne de Saint-Gir-
may dit Gounesse. Signé : LANUX, *notaire royal.*

1776, 31 décembre. — Jean-Marie Peyronne rend
hommage au roi de France pour ses terres nobles. Signé : LACADÉ.

1780. — Inventaire ordonné par Marie Peyronne
pour obliger les habitants d'Arbleix à lui payer les droits
qui lui étaient dus.

1780, 7 novembre. — Acte de gazaille entre Marie
Peyronne et Doat dit Feugas de Péchevin.

1758, 14 février. — Jean-Marie Peyronne achète à
Jeanne et à Marguerite Laborde, sœurs cadettes de
Baudet, un arpent de terre labourable dans la commune
de Phillondens. Témoins : Ramond d'Abbadie dit Coy,
et Ramond Larquier dit Uguet. Signé : LANUX, *notaire.*

1755, 7 mai. — Achat fait par Marie de Béon de la
propriété dite Lescudé, située à Cabidos, à Mathieu
Lafargue dit Lescudé. Témoins : Timothée de Mongaurin, seigneur de Vignes, habitant Malaussanne, et
Pierre Carrère, laboureur. Signé : CASTELBERT, *notaire
royal.*

Les enfants issus de Sara de Badet furent :

1. JEAN-BAPTISTE qui suit.

2. JACQUES-PAUL, chevalier de Trubessé, né en 1782,
   resta toute sa vie au château de Cabidos. Il fut
   nommé capitaine de la garde nationale, et le
   1er mars 1826 maire de la commune de Cabidos.
   Il mourut au château de Trubessé sans s'être
   établi, le 11 octobre 1857.

3. JEAN-HENRI naquit le 23 octobre 1783, et eut pour
   parrain et marraine Jean-Henri comte de Baillenx, et Jeanne-Josèphe de Trubessé baronne
   de De Ces Caupenne ; fut fait chef de bataillon,

décoré de l'Ordre militaire de la Légion-d'Honneur et du Lys. Parti d'abord simple volontaire dans les chasseurs de la garde consulaire, il continua son service jusqu'en 1830, époque à laquelle il prit sa retraite. Il fit les campagnes d'Allemagne, de Russie, d'Espagne et de France; il reçut plusieurs blessures. Il protégea et sauva la cinquième division en Espagne, en s'emparant à la bayonnette, à la tête de sa compagnie, du pont de Beyra, et y fut blessé pour la huitième fois d'une balle qui lui traversa le corps au-dessous du poumon droit. Retiré dans sa famille, il ne s'établit pas et mourut le 2 avril 1859.

4. JEAN-BAPTISTE-SIXAIN, né le 31 juillet 1786, eut pour parrain et marraine son père Jean-Marie Peyronne et Marie de Courréges baronne de Nogues. Il passa sa vie au château de Cabidos, et y mourut sans s'être établi le 3 avril 1866.

5. MARIE-ELISABETH, née en 1784, mourut le 20 mars 1790 au château de Cabidos.

6. MARIE, née le 14 janvier 1785, eut pour parrain et marraine Messire Pierre de Baillenx, lieutenant-colonel à Aix, et dame Marie de Baillenx baronne de Luy. Elle mourut sans s'être établie, au château de Cabidos, et fut enterrée dans le caveau de la famille, sous le maître-autel de cette église.

ARMES DE LA FAMILLE DE BERTIER.

D'or au taureau furieux de gueules chargé de cinq étoiles d'argent posées en rang.

XII. — JEAN-BAPTISTE.
1790-1841.

Très jeune lorsque la révolution de 93 éclata, Jean vit avec sa famille le château de Cabidos pillé et incendié par une bande révolutionnaire venue de Lescar. Restée veuve avec six enfants en bas-âge, Marie Sara de Badet se trouva plongée dans la misère, sans cesse menacée d'être dénoncée comme aristocrate et de porter sa tête sur l'échafaud; elle passa ainsi la tourmente de 93, s'attirant le respect de ses ennemis, et arriva aux jours plus sereins du consulat. En 1806, Jean-Baptiste fut nommé maire de la commune de Cabidos. Quelque temps après, il se démit de ses fonctions pour prendre celles de la commune de Malaussanne. Son frère cadet, le chevalier, devint son remplaçant. Il se maria avec Catherine de Bertier de Labastide-Villefranche. Une sœur de Catherine, Adèle de Bertier, se maria avec M. Vignau, de Saint-Bertrand (Haute-Garonne). Ses frères furent Joseph de Bertier, mort sans être établi, au château de Cabidos, le 30 avril 1848, et Xavier qui vit encore dans ses terres du Pays-Basque.

Marie Sara de Badet mourut au château de Cabidos le 6 février 1818. Grâce à son énergie et secondé par sa femme et ses frères, Jean releva peu à peu la maison de Trubessé. Il mourut le 27 août 1841, laissant son fils aîné pour son héritier universel de ses biens et de ses titres.

Il eut de Catherine de Bertier :

1. JEAN-ANTOINE-JULES qui suit.

2. PAUL-LÉOPOLD, né le 17 février 1819, et décéda sans alliance le 30 avril 1852 au château de Cabidos. Ce frère, modèle d'amour fraternel, fut ravi tout jeune au bonheur et à la joie d'une famille. Il avait été quelque temps maire de la commune de Cabidos.

ARMES DE LA FAMILLE DE LANGALERIE.
De gueules à une tour d'argent accompagnée de trois molettes deux en chef une en pointe.

XIII. — ANTOINE-JULES.
1841.

Naquit le 27 août 1816, fit ses études latines avec son frère au collége d'Aire (Landes). Peu de temps après son retour à Cabidos, il fut marié le 23 septembre 1838 à Marie-Victoire-Geneviève de Gérault de Langalerie, fille de Saint-Luc Gérault de Langalerie, capitaine, archiviste, demeurant à Bordeaux, et de demoiselle Adrienne-Mazerine de Livron. Le frère d'Adrienne, le marquis de Livron, mourut à son château de Saint-Abit sans laisser de postérité, l'an 1850.

4

Catherine de Bertier mourut deux ans après la mort
de son fils cadet Léopold, le 8 juillet 1854.

En 1841, Antoine-Jules fut nommé maire de Cabidos et occupa cette fonction jusqu'à l'année 1865, époque à laquelle il fut remplacé par son fils. Le 12 janvier 1862, il fut nommé membre du Conseil général
du département des Basses-Pyrénées pour le canton
d'Arzacq.

De son union avec Marie-Victoire naquirent :

1. JEAN-BAPTISTE-ADRIEN-AMÉDÉE qui suit.
2. MARIE-CATHERINE-GENEVIÈVE-JACQUELINE, née le
    27 mai 1843. Son parrain fut le marquis de Li-
    vron, et sa marraine, sa grand'mère Madame de
    Trubessé. Le 20 août 1863, elle fut mariée à
    Armand Cogombles, docteur en médecine,
    habitant Nay.

XIV. — JEAN-BAPTISTE-ADRIEN-AMÉDÉE.

Naquit le 24 octobre 1840, eut pour parrain et marraine Jean-Baptiste de Trubessé et dame Adrienne de
Langalerie ; fut nommé maire de Cabidos en 1865 et
donna sa démission deux ans après (1er septembre
1867). Marié le 4 novembre 1868 à sa cousine demoiselle Marie Vignaux, fille d'Alexandre Vignaux et
d'Adèle de Bertier.

BRANCHE D'AGEN.

1. BERTRAND, fils de Jacques Du Vignau, fut marié en 1525 à Sarrazine Dulau; son fils aîné fut :

2. NAUDET, marié en 1547 à dame Deufau ou Dufau.

3. FONTANIER, marié en 1580 à Jeanne d'Izet.

4. MAMAUT, marié en 1615 à Jeanne de Cazauvielh.

5. JEAN-ANTOINE, seigneur de Boursac, marié le 16 octobre 1681 à Jeanne Le Clerc.

6. ANTOINE, marié à Pétronnille Barolet.

7. ANTOINE-NICOLAS-BERNARD, seigneur de CURLEY, BARBASSE et TAILLICOURT, marié le 31 janvier 1770 à Louise-Charlotte de Bouetten de la Boessure. Louise avait épousé en premières noces son cousin germain, Louis de Couarruviasson, mort peu de temps après son mariage.

8. BERNARD-ETIENNE-MARIE, fils unique, chevalier de l'Ordre militaire de Saint-Louis, colonel du bataillon des milices royales de Libourne, périt, croit-on, sans alliance, en 1794, sur l'échafaud.

BRANCHE DE PIMBO.

1. Lucas Vᵉ, fils de Jacques Du Vignau, fut marié le 19 septembre 1592 à Jeanne de Guilhaumes de Pimbo. (*Acte aux archives de la famille. Témoins : Pierre de Laforcade, curé de Cabidos; Jean Du Casso, chanoine de Pimbo; Barthélemy Duplantier, jurat du lieu; Jean Dupouy Bayle; signé :* Duplantier, *not. roy.*) Par un testament du 20 décembre 1601, Lucas institua pour son héritier universel son fils aîné qui suit.

2. Pierre, marié à Anne de Vivens le 14 septembre 1622. (*Acte aux archives de la famille; signé :* Lamarque, *not. roy.*) Anne était originaire de la ville de Grenade-sur-l'Adour (Landes). Par un testament du 20 décembre 1663, il laissa ses biens et sa fortune à son fils aîné qui suit. De son union avec Anne, Pierre eut les enfants suivants :

1. Noé, qui mourut quelques jours après son père;

2. Luc, devenu capitaine, mort dans un combat.

3. François, né le 8 octobre 1626, fut lieutenant au régiment de Louvigny, et resta longtemps en garnison à Thionville.

4. Pierre.

5. Mathieu.

6. Christophe, qui s'établit aux environs de Versail-

les. En 1783, un de ses descendants écrivit à la famille de Trubessé de Cabidos. Il émigra et mourut en Hollande vers 1794.

7. JEAN.

ARMES DE CETTE FAMILLE.

Les armes de cette famille diffèrent de celles de la branche mère et sont :

D'or à un aigle de sable esployé, membré et becqueté de gueules, portant en son bec une flèche de gueules empennée d'azur à la pointe, dans les serres une épée posée en face de gueules à la poignée de sable.

Devise : *Je marche.*

Testament de Noble Jacques Du Vignau.

In nommine Domini. Amen. Notum sit qué Noble
Jacques Deu Vignau seignur deu Trubessé d'oau loc dé
Cabidos a faict soun darré ordy et testament, cassan
et annullam touts austré que cy devant, ni propré aout
faict dé bouqué et plasir, volen et consenten qué ac-
quet présent ayi exact; et volen facien l'ou signé de la
croits, sé recommendant à la Viergo Marie, et à touts
los saints et saintes d'ou Paradis. Et premièrement
dixo l'ou dit testayre qué volo interare in eglesico Cabidos là où ses ancêtres ont coustume d'être. Item
dixo qué jé lègue pro l'ou salut de son amini la somme
de vingts et cinq francgs Bordallois, pro distribuer lo
jour de sa sépulture. Item dixo l'ou dict testayré qué a
convola à noces avecq Jannette d'ou Tastet, d'aou loc
de Marsan, doun so estat procurat Dominique, Bernard, Mathieu, Pierre, Lucas, Jeanne et Marie, ses
fils et filles, auquaou Mathieu l'ou dit testayre fit et
institua héritier dé toute acquère partide de la mayson,
vignes et champs de Larroudé d'ou Mérac que cy devant l'ou dit testayre a acquis qu'a probo lo contract
d'acquisition redigat par notaire royal..... à Pierre son
dit fils tous ses biens de Garos. Item l'ou dit testayre
qu'il laisse, donne et lègue à Bernard touts aquères
maison, jardin, vignes, castagnet et prat de près moulin qué es au territory de Malaussanne; à moins qué
volant partir de ladite maison, il donne à l'héritier universel, ditz escuts petits après vente. Item dixo, lou
dit testayre, à Lucas la somme de cinquante livres, et
plus une pèce de terre, et vigne, apéradé dé Ramond
de Malaussanne, et aussi quatre-vingtz franctz bordal-

lois..... à Marie, sa fille, la somme de deux cents escuts petits, pro se marida, et bestide de robes, et d'ob-
jects, de quoaoum ainsi à coustume portat de la maison..... à Dominique, son frère, la jouissance maison
et champ qui est débant sa maison, et les sommes
laissées par Bertonnien lurs pay et luy recommando
les affaires de sa maison Trubessé..... à sa femme
Jeanette du Tastet une maison et ses dépendances
dans le cas où elle ne pourrait pas vivre de bonne compagnie avec son héritier. Item dixo l'ou dit testayre
qu'il a paguat lo maridatgé de Jeanne sa fille la somme
de cinquoante franctz bordallois. Item dixo que lo so
héritière universel de tous ses titres et biens entre
Dominique son fils aisné. Passat à la maysou d'ou dit
testayre s'il n'aou pas d'enfants. (*Témoins : Joan de
Labarthe, prêtre de Louvigny ; Pierre de Laforcade, et
Johan Lagreulet ; signé :* DE GUILLEAUMES, *not. roy.*

---

20 Septembre 1575.

**Pactes de mariage entre Dominique Du Vignau
et Margueritte de Candau.**

Sachent tous présents et advenirs qué aujourd'hui
vingtième jour du mois de septembre mil cinq cent
soixante-quinze, aou loc de Morgans, sénéchaussée
des Landes, siége de Saint-Sever, par devant moy
Johan Du Bac, notaire roïal, souby signé et en la
présence des témoins souby nommés, pactes, traite et
accordy de mariage par parólle de présent, oui et des
faicts, et accords entre Dominique Du Vignau, habitant de la paroisse de Cabidos, au comté de Louvigny,
d'un part, et Margueritte du Candau, fille légitime de
Johan du Candau, et feu Marie de Labadie, habitants

du dict Morgans ; d'autre en la forme et manière qui sens suict. As savoir : ycelle du Candau, avec le vauloir et consentement du dict Johan du Candau, son père, et aussi avec ses parents, y elle présents et consentent la dite promesse bailler pour femme et espouse au dict Du Vignau. Aussy le dict Du Vignau, avec le vouloir et consentement de Johanette du Tastet, sa mère, et aussi de ses parents et amics icy présents et consentents, le dict promettre se bailler pour mary et espoux à la dicte du Candau, et la prendre sa femme, et ont promis les parties faire solempniser le dict mariage en fàce de la Sainte Eglise a toute sommaou et requette de l'ung et de l'autre et en temps dont est ordonné par ycelle. En faveur du quel mariage et pour touts droits de légitime que la d^{le} Margueritte pourrait avoir et prétendre tant sur les biens du d^t Johan dè Candau son père que aussi sur les biens laissés par la feue d^{le} Catherine de Labadie sa mère directement ny indirectement, Johan de Candau a promis et promet bailler et payer aux dicts futurs conjoincts la somme de sept cent cinquante francts bordallois..... bestir et accoustrer en lict et en corps la d^{le} Margueritte, savoir en corps une robe drap noir de Paris, aud de drap d'écarlatin violet, aud de drap bleue d'Angleterre, et l'autre en drap d'Angleterre blanche ; deux en bélour..... Faict et passé au dict Morgans les jour mois et an que dessus. (*Présents : M. Pierre de Candau, abbé de Saint-Giron ; M. Johan Dufau, curé de Cazalis ; Pierre Duyunra, marchand ; Pierre du Tastet ; Manaud de Larbaigt ; Fortis de Castaing, habitant de Morgans ; signé :* Dubac, *not. roy.*)

Relaxe en faveur de Dominique au sujet de ses biens nobles.

Aujourd'huy dix neufième du moys de Mars mil cinq cent quatre-vingt-cinq est comparu par devant nous Johan de Base, conseiller du roy en sa Court de Parlement de Bordeaux, commissaire sur le faict des francs fiefs et nouveault acquets en la dicte cour, Domenges Du Vignau, escuyer, seigneur de Trubessé, vassal du seigneur comte de Louvigny, disant en présence de Maistre Johan de Castaignos et André de Poységude, avocas et procureurs du roy en la sénéchaussée des Landes, siége de Saint-Sever, par la denonciation faicte par les jurats de la dicte comté, il tenayt la dicte seigneurie de Trubessé sans payer taille au roy aurayt esté assigné par devant nous pour bailler la déclaration du revenu de la dicte seigneurie ; il ne pouvays ni devait estre cottisé comme non estant roturier a produit une sentence arbitrale donnée en faveur de Noble Menault Du Vignau en son biban escuyer, seigneur de la dicte caverie et seigneurie de Trubessé son trisayeul, contre les baile et jurats de la dicte vicomté de Louvigny, qui pretendaient le sieur feu Du Vignau devoir estre costisé à la taille de la dicte vicomté et autres subsides, en date de la dicte sentence du dix-septième de Mars mille quatre cents septante-deux par laquelle dicte sentence par les dicts arbitres feust d'y prononcé le dict feu Du Vignau n'estre tenu ni les sieurs à l'advenir payer taille ni subside n'y autre subside au roy et après avoir veux et leux les contrats et testaments présentés par les avocats, avoir relaxé et relaxons Dominique Du Vignau sans despans. Faicts à St-Sever, ces jours, moys et an que dessus ; *ainsy signé :* L. LEGRAND.

Acte de prise de possession de la dixme de Cabidos par Dominique Du Vignau.

L'an mil cinq cent nonante-neuf et le septième du moys de Mars avant midi, aou loc et paroisse de Cabibos, diocèse de Lescar et siége de St-Sever et au debant de la chapelle de Saint-Eutrope, à l'issue de la grande messe paroissiale d'aou dict loc, par deband nos François de Poyanne, abbé de l'église collégiale de St-Giron, un des députés du clergé du diocèse d'Ayre, commissionnaire subdélégué des reverendissimes cardinaux et autres délégués par N. S. Père le Pape pour l'alienation du temporel, est comparu Dominique Du Vignau, seigneur de Trubessé, habitant d'aou dict loc de Cabidos, qui a dict qu'ayant vénérable et de nos religieux François Simon frère, Jean Simon, prieur du monastère de N.-D. de Poutaux, ordre de Citteaux au nom et comme syndict des autres religieux du dict monastère exposé en vérité pour le payement du dict temporel à quoy le dict monastère de Poutaux a esté certifié la dixme du dict lieu qui se prend tam au présent siége de Saint-Sever à yceluy Dominique comme le plus offrand et dernier enchérisseur le dix et sept du moys de Novembre mil cinq cent quatre vingts dix et huit dans le parquet et auditoire royal de la ville de Saint-Sever, par nous assisté de Maistre Gratian Dabadie, lieutenant au dict siége que la dicte dixme aurait esté vendue et adjugée avec ses dépendances et appartenances d'icelle, pour la somme de quatre cent cinquante escutz sols contenus au procès-verbal. Sur ce fait, ordonnons que nous nous transporterions au dict loc et paroisse au jour et heure que nous serions

requis par a yceluy sieur Dominique Du Vignau, bailler la possession d'ycelle actuelle et corporelle de la
dicte dixme avec ses appartenances et dépendances,
nous requerrons ycelly le sieur Du Vignau suivant se
que dict est et vouloir mettre en la possession réelle,
actuelle et corporelle de la dicte dixme située tam au
présent siége de Saint-Sever qu'en Béarn en faisant
commendement à tous les redevables et contribuables
au payement des dixmes et ycelles de payer et bailler
au sieur Du Vignau ; de quoy avons octroyé acte au
dict Du Vignau yceluy signé de mes mains et faicts
signé au frère Simon Jean, prieur, et susdit à Du Vignau, not. roy. qui a ses fins avons connus es présences de Bernard de Lafargue, Pierre Cetta, Berduco
de Castère, Peyrot de Molère, Berduco de Bayle dit
Du pin, Ramonet de Molère, Pierre de Castéra dit
Lamothe, Jean de Larquier, Bertonieu de Castéra dit
Arnautborde, Pierre de Salles, Bertrand de Languil-
hem et de plusieurs autres habitants de la paroisse
ensemble, de Pierre de Laforcade, curé de Cabidos ;
Pierre de Candau, chanoine de St-Giron; Antoine Du
Vignau, fabricien, habitant du dict Cabidos, témoings
appelés et requis aussy ; signé à l'original de Poyanne,
de Simon de Laforcade. DUVIGNAU, *not. roy.*

---

13 Janvier 1605.

Acte contenant l'affranchissement des biens nobles de Trubessé et ses dépendances.

Comme soit ainsy que le tredzie jour du moys de
Janvier mil six cent et cinq au dedans le parquet du
château de Louvignes en jugement par devant nous
Pierre Lafargue, Bayle Ramonet de Saint-Fortis, de

Labarthe, Guilhem de La Casaigne et mono. d'authres jurats assistants Monsieur Dominique Du Chesne, procureur juridictionnel de Madame la Comtesse du présent compté de Loüvignes et Antoine Du Vignau, notaire royal et greffier ordinayre, est comparu Dominique Du Vignau, seigneur de Trubessé, disant que le bon bouloir de la dicte Dame est tel que doresnavant y celui Du Vignau ne soit tenu ny constraint payer aucuns deniers de fiefs ny contribude aucunes tailles ny impositions ni austres charges de ville pour rayson des biens que a put poucède en la dicte maison Noble du dict Trubessé ainsy que plus amplement apert et nous fict voir par un titre à lui baillé et signé de la dicte dame et contre signé Du Chesne, notaire royal. Faict et passé au château de Hagetmau le onzie d'Octobre mil six cent quatre et suivant le voloir de la dicte Dame et teneur du présent titre le quatrième du mois de Juillet mil six cent six nous aurait desmontré qu'il tenait la dicte seigneurie et caverie noblement et pour rayson d'ycelle il ne devait estre chargé ni teneu payer aucuns deniers ni subsides fors à nos preter serment de fidélité et hommage à chasque seigneur changé et tel que vassal est teneu fe à son seigneur haut justicier ce néanmoins souly pret cale de quelques acquisitions par luy faictes. Il se trouve pour le jourd'huy examt à nos payer annuellement soulement trois livres pour livres de fiefs chasque comme aussi au roy vingt-cinq sols tournois de taille et que tant nos fermiers du comté que jurats du dict Louvignes le veulent constraindre au payement. Nous suppliant très humblement les vouloir le déchargé par moy pour les bons et agréables services que nous avons receus et recevons journellement du dict Du Vignau de la prime

désquels l'avons releves et relevons par ces présentes
et le vollant et plus grande chose gratifiée, ayant pris
de luy naguère le serment de fidélité et hommage pour
rayson de la dicte caverie de Trubessé l'avons confirmé
et confirmons en tous les droitz de noblesse à lui deuls
et lui appartenant pour rayson de la dicte caverie appelée de Trubessé dans nostre compté et l'avons exempté
et exemptons, déchargé et déchargeons de nous payer
les dictes trois livres de fiefs annuellement tant luy que
ses successeurs à l'advenir et déclarons y elle noble.
En foy de quoy nous avons faicts expédier ces présentes par le notaire royal soussigné au dedans le château
d'Hagetmau après midy le onzie d'Octobre mil six cent
quatre. Présents : Christophe de Nicelles, procureur
des biens de Monseigneur de Gramont, habitant de
Bidache, et Johan de Lalanne de Mialos, ainsy que
moy ainsy signé : CORISANDRE D'ANDOUINS et DU
CHESNE, *not. roy.*

---

13 Février 1606.

Testament de Dominique Du Vignau.

In nomine Domini. Amen. Sachent touts présents et
advenir que aujourd'hui tredsi du moys de Février
avant midy mil six cent et six aou loc de Cabidos et
maysou appellée de Trubessé sénéchaussée des Landes
siége de Saint-Sever par devant moy Dominique Du
Chesne not. royal présents les témoings bas escripts et
nommés constitué en sa personne Noble Dominique
Du Vignau escuyer, seigneur de Trubessé, habitant
d'aou dit loc de Cabidos lequel estant malade de son
corps toutefois sait de son bon sens et entendement et
ayant bonne mémoyre et parfaite connaissance consi-

dérant qu'il y a chose plus certaine que la mort n'y
plus incertaine que l'heure d'ycelle ; de son bon grat
et volontat a faict son testament, cassant et annullant
touts autres que s'y devant de parolles ou par escript
en parait avoir faict et en y celluy ey à my sa dernière
volontat voulant qu'il ayt efficacité et valeur comme
s'en suict. Premièrement a recommandé son asme à
Dieu et a prié la Vierge Marie et touts los saincts et
sainctes de paradis voloir intercéder pro luys et c'est
armé d'aou signé de la croitz comme un bon chrétien
doibt fayre disant au nom du Père, du Fils et du Saint-
Esprit. Amen. Item a dict et desclaré voleu et ordonné
le sieur de Trubessé testayre que sy Dieu faict sépa-
ration de son corps et âme qu'il veult estre enterré au
dedans de l'Egliso N.-D. du présent loc de Cabidos et
aou loc ou feu son père a esté entesré. Item teste,
laisse et légué le dit Du Vignau pro le salut de sa dite
âme et pro y celles pro lesquelles il est teneu de prier
Dieu la somme de quarante livres tournoises pour estre distribuées et devoir compter pour fayre prier Dieu
pour sa dite âme a cognaissance de ses testamenteurs
et exécuteurs du présent testament bas nommés et en
outre veut et ordonne qu'il soit fondé ung obit à la
sainte Egliso pour estre dict et célébré par le recteur
d'aou présent loc avec un austre prestre, s'il en y en
cy la paroisse d'une messe haute de Requiem pro son
âme et austres, lesquelles il est teneu de prier. Item
il dict le dict testayre qu'il faict et nomme son héritier
universel Pierre Du Vignau son fils aysnay toutefois
ou le cas ou le dict fils mourut sans enfants légitime
le dit testayre lui substitue son plus proche suivant la
coustume du païs sans en pouvoir par son playsir disposer d'un quart tabéliamique. Item il a dict et nommé

le sieur testateur ses testamenteurs et exécuteurs du présent testament Monsieur le recteur du présent lieu, ses cousins de Lafargue, de Laurouteure et moy dit notaire auxquels prie mestre en exécution le contenu du présent testament luy estre retenu lequel pour le devoir de nostre office l'ay octroyé en présence de Pierre du Tastet, Bernard de Lagreulet et Jacques de Salles habitants de Cabidos qui avect le dict testayre ont signé et moy. DU CHESNE, *not. roy.*

1er Mars 1609.

Pactes de mariage entre Noble Pierre Du Vignau et Marguerite d'Anguin.

Sappient touts présents et advenir que pactes matrimoniaux sont estats feyts et passats entre Noble Pierre Du Vignau seigneur de Trubessé de Cabidos d'une part et Noble damoyselle Marguerite d'Anguin fille de Damoyselle Johanine de Narcastets et de deffun Noble François d'Anguin et l'ou dict sieur de Trubessé constitué de Noble Pierre de Candau abbé et doyen de l'Égliso collégialle de Saint-Girons et M. Lucas Du Vignau, Pierre Du Vignau-Dombascq oncles, tantes, patrimaux et matrimaux et lous deus Vignau son beaufray promestre bailler pour mary et espoux à la dicte Damoyselle Margueritte constitué de Noble Johan de Mongaurin son beau-père et Noble Johane de Narcastets sa may et Noble Arnaud d'Anguin son fray et de Noble Damoyselle Margueritte de Narcastets sa tante et austres parents et amigo promet se bailler pour dame et espoux au dict sieur de Trubessé, louquoaou maridago sera haït devant la may saint Égliso lorsque l'ung requerera l'austre. ... La dite Margueritte prosmet de bailler présentement la somme de cinq mille livres bordallois que Damoyselle de Monguarin apportat à la dicte maysou d'Anguin..... A d'Anguin, lou proumet de Marx mille six cent neu. Présents et témoings : Noble Jean Solenx, Noble David Dabadie, Mossey Fargues, de Pédaoudgès, restour d'Anguin; Jean de Foussatz d'Orthez et l'ou Bertrand de peyra jurat de d'Anguin et moy CAPDEVIELLE, *not. roy.*

---

4 Septembre 1622.

Pactes de mariage entre Noble Pierre Du Vignau et Anne de Vincens.

Sachent tous présents et advenir que aujourd'huy quatrie du moys de Septembre mil six cent vingt deux après midy dans la ville de la Grenade en Marsan par debant moy notaire royal soubs signé résident en la ville de Mont-de-Marsan et la présence des témoings bas nommés. Pactes et accords de mariage ont esté faicts et accordés par parolles de futur entre Noble Pierre Du Vignau fils de feum Noble Lucas Du Vignau et de damoiselle Jeanne de Guillaumes habitants la ville de Pimbo en la prévosté de Saint-Sever d'une part et damoiselle Anne de Vincens fille légitime de Noble Jean de Vincens bourgeois de la présente ville et Anne Ducournau damoiselle habitante du dict Grenade d'austre en forme suivante : C'est que le dict Noble Du Vignau procédant avec le voloir, consentement et assistance de Noble Pierre Du Vignau, seigneur de Laut, Mathieu Du Vignau, Pierre de Lyrac sieur de Castets, Bernard Deshortes sieur d'Arzacq et François Du Vignau prestre, chanoyne et curé de Pimbo et austres ses parents et amics a promis pren-

dre pour femme et légitime espouse la dicte Anne de
Vincens et semblablement ycelle de Vincens procédant
avec le voloir et consentement des dicts Nobles son
père et sa mère et assistance de Noble Jean de Vincens
son fray, Noble Menion de Vincens son oncle paternel,
Jean Ducournau avocat en la court du parlement de
Bordeaux et Pierre Ducournau aussy ses oncles maternels. Jean de Burriot maistre appoticaire son beaufray et Noble Jean de Vincens son cousin et austres
ses proches parents et amics a promis prendre pour
son mary loyal espoux le Noble Du Vignau et le dict
mariage ont les parties promis soleniser en face de
nostre dame la sainte Égliso, catholique, apostolique
et romaine quinze jours après d'une des parties en
requèrera l'austre..... l'ont promicts et jurés en présence de Jean et Thomas Dosque père et fils, Pierre
de Lamaison et Pierre Ducournau habitants en la dicte
ville de Grenade, témoings appelés et requis qui ont
signé à la cedde des présents avec les parties con-
tranctantes sauf la dicte Anne Ducournau parce a dict
ne savoir escrire de ce faire interpellé par moy aussy ;
signé : LAMARQUE, *not. roy.*

---

16 Novembre 1635.

**Lettres-patentes de Louis XIII portant à la commis-
sion de la place de capitaine au régiment de Béarn
Noble Mathieu Du Vignau.**

Louis par la grâce de Dieu roy de France et de
Navarre, nostre bien aismé le capp. Trubessé salut :
Ayant résolu pour le bien de nostre service de mestre
sur pieds un régiment d'infanterie de vingt enseignes
soubz la lettre de NZ régiment de Béarn commendé

par le vicomte de Toulonton M. de Camp d'ycelly et
sachant que pour commender une compagnie au dict
régiment nous ne saurions faire un meilleur choix que
de vous pour la preuve de confiance que nous prenons
en vous sont suffisante comme bonne conduite et dili-
gence. A ces causes nous avons ordonné, commendé
et député, comme nous ordonnons, commendons et
députons de mestre sur incontinant et le plus dili-
geament qu'il vous sera possible une compagnie
d'hommes de service à pieds français au premier régiment de Béarn, des plus vaillants et des plus aguerris
que vous pourrez trouver. Laquelle compagnie vous
commenderez en qualité de cappitaine en chef que
vous conduirez et exploiterez soubz nostre autorité.
De ce nous donnons pouvoir, autorité, commission et
mandons à tous qu'il appartiendra en faisant estre
obéissant. Tel est nostre plus grand désir volonté.
LOUIS.

---

15 Avril 1636.

Pactes de mariage entre Noble Mathieu Du Vignau et Jeanne de Tuquoy.

Comme soit ainsi que articles et pactes de mariage
ayant esté faicts et accordés le quinzie jour du moys
d'Avril mil six cent trente-six entre Noble Mathieu du
Vignau escuyer capitaine d'une compagnie au régiment de Béarn d'une part et damoiselle Jeanne de
Tuquoy fille légitime de M. Jean de Tuquoy en son vivant conseiller et avocat du roy au parlement et siége
de Saint-Sever et de damoiselle Quyteyre Dombidonnes
son espouse d'autre part avecq le consentement de
leurs parents et amycs en la forme et manière qui suit.

Premièrement a esté accordé que le dict sieur Du
Vignau escuyer et la dicte Damoiselle Jeanne de
Tuquoy procédant avecq le consentement et assistance savoir le dict sieur Du Vignau de Noble Pierre
Du Vignau escuyer de la dicte mayson noble de Trubessé frère aysné du sieur Mathieu, M. Pierre Du
Vignau chanoyne et curé de Pimbo, Lucas Du Vignau
chanoyne de Lonçon, Noble Pierre Du Vignau seigneur
de Barennes et austres ses parents et amycs ci bas
signés et la dicte Damoiselle Jeanne de Tuquoy de la
dicte Quyteyre Dombidonnes sa mère, frères Jean de
Tuquoy, docteur en sainte théologie religieux sacristain du monastère et abbaye ordre de saint Benoit de
la ville de Saint-Sever, son oncle, M. Jean-Jacques
de Tuquoy, conseiller et avocat du roy au dict siége
de Saint-Sever, son frère aysné, tant en son nom que
comme procureur de Monsieur Christophe de Tuquoy
abbé de Pimbo son frère, Damoiselle Jeanne de
Sossiondo femme du dict sieur avocat du roy M. Xphl.
Ducheze, conseiller du roy au siége de Saint-Sever,
Christophe Dupouy homme d'arme, M. Paul de Cabannes et M. Pierre Dubas qui est avocat au parlement
beau-frère de la dicte Jeanne encore une autre Jeanne
et Françoise de Tuquoy sœurs de la dicte Jeanne,
Pierre de Tuquoy, Dom frère François de Tuquoy religieux et infirmier de l'abbaye de Saint-Sever et prieur
de Saint-Georges, Odet de Castagnos homme d'arme
et M. Menjon de Lauhire procureur et greffier au présent siége de Saint-Sever, Jean-Jacques et Jacques de
Tuquoy neveux de la dicte Damoiselle Jeanne de
Tuquoy. Damoiselle Jeanne Desart femme du sieur de
Castaignos et aussi les parents et amics ont promics de
leur bon grés et réciproquement se sont donné de se

prendre pour mary et femme l'ung et l'austre et tenir
à soleniser le dict mariage en l'Église catholique, apostolique et romaine le jour et l'heure que l'ung partie
en requerera l'austre et au temps permis par la sainte
Église. Que en forme et contemplation du dict mariage
pour le support des charges d'ycelluy la dicte Jeanne
de Tuquoy portera en dot au sieur Mathieu Du Vignau
la somme de cinq mille livres tournoises de vingt sols
chascune livres et les habits et meubles nuptiaux dont
les partys s'accorderont et à la disposition de la dicte
Dombidonnes damoiselle mère de la future espouse....
Ont signé : M. Du Vignau, J. Tuquoy, J. Dombidonnes ;
Tuquoy St-Sever, J.-J. Tuquoy, Pierre Du Vignau ;
Dupoy Trubessé et moy Du Bourdieu, *not. roy.*

---

15 Novembre 1638.

Testament de Pierre Du Vignau.

Au nom de Dieu soit et notoire à tous présents et
advenir que ce aujourd'huy quinze du moys de novembre mil six cent trente et huit avant midy dans la maison Noble de Trubessé en la paroisse de Cabidos sene-
chaussée des Lannes, siége de Saint-Sever, par devant
moy notaire royal soubs signé, présents les témoins
bas nommés, s'est constitué en sa personne Noble
Pierre Du Vignau, escuyer seigneur de Trubessé,
Arbleix et Péchevin, habitant au dict Cabidos. Lequel
estant malade dans son lit, toutefois en bon sens, mémoyre et entendent, considérant qu'il n'y a chose plus
certaine que la mort et plus incertaine que le jour et
l'heure d'icelle, désirant pourvoir au salut de son âme
et disposer des biens que Dieu luy a donnés et de son
bon gré et volonté fait son testament en la forme et

manière qui s'en suit : Premièrement a recommandé
son âme à Dieu Père, Fils et Saint-Esprit en Trinité et
Unitée et luy a supplié que quand il luy plaira séparer
son âme de son corps vouloir icelle âme réception en
son royaume céleste de paradis en compagnie des biens
heureux et son corps et cadavre a valoir et ordonne
estre inhumé et ensebely dans l'Église paroissiale de
Cabidos près du grand maître autel d'icelle ioygnant
la sépulture de feu son père. — Item a ordonné et
lègue le dit testateur pour faire prier Dieu pour le
salut de son âme et austres qu'il est tenu Dieu de prier
la somme de cent livres pour être distribuée la moytié
le jour de son enterrement, septain et anniversaire en
messes et aumônes y compris le payement du lumi-
naire. — Item lègue le testateur en faveur de la chapelle et maison de Bétharam qu'y est en pays de Béarn
et afin que annuellement la veille de Saint-Pierre il y
soit faict par les prêtres d'icelle un service avec messe
haute pour son âme et pour la dicte dame sa femme
quand elle sera décédée la somme de trois cents
livres payables par son héritier deux ans après son
décès. — Item avait esté marié à damoiselle Margueritte d'Anguin et que d'icelle il a reçu toute la satis-
faction et contentement que un mary peuts retirer
d'une femme en reconnaissance de quoy et en ajoustant
à ce qu'il lui avait donné par les pactes de leur mariage
a ordonné que la première année après son décès elle
soit vestue, habillée, nourrie et entretenue aux des-
pens de son dit héritier et la dite année après veult le
dit testateur que la dicte Damoiselle sa femme ayant
sa demeurance et habitation durant sa vie dans la dite
maison de Trubessé ou en la maison Noble d'Arbleix à
son choix. — Item le dict testateur lègue à Madeleine

de Lyrac sa niepce deumurant à la maison la somme
de trois cents livres payables par son héritier quand
elle aura troubé party et mariage. — Item nomme le
dict testateur pour son héritier universel Mathieu Du
Vignau son fray et au cas où le dict Mathieu viendrait
à décéder sans enfants le dict testateur a substitué à la
dicte héritière le sieur Dominique de Sarraute, autrement dit de Beruche, son dict nepveu et fils ayné du
dict Dominique ou sa fillé aynée en cas qu'il n'y est
fils. — Item le dict testateur nomme pour exécuteurs
de son présent testament Monsieur le curé du présent
lieu de Cabidos et Monsieur Maistre Mathieu de Candau, abbé de St-Giron, son cousin, auquel il prie d'en
prendre charge, de l'en acquitter a cassé et révoqué,
casse et révoque le dict testateur tout autre testament,
condicile ou donation qu'il pourrait avoir faite luy
devant pour cause de mort et par exprès celui qui
aurait esté escrit le premier jour du moy de May mille
six cent trente et passé le dix-neufième de Juing au
même ou au lieu de Louvigny retenu par Langlade,
not. roy. et a voleu que le présent eut son plein et en-
tier effet comme estant sa dernière volonté et m'a re-
quier le dit testateur acte testamentaire que luy ay octroyé en présences de M. Maistre Raymond Desorthez
prêtre et curé d'Arzacq et y habitant et Pierre Dubourdieu, lieutenant juge en la baronnie de Coudures,
habitant au dict Coudures ; tesmoings à ce appellés et
requis lesquels se sont signés à la cède des présents
avec le dict testateur et moy CASTAING, *not. roy.*

Testament de Noble Mathieu Du Vignau.

Le trentième jour du moys de May mil six cent trente-neuf dans la maison Noble de Trubessé au siége de Saint-Sever ie Mathieu Du Vignau, seigneur de Trubessé, Arbleix et Péchevin capitaine d'une compagnie au régiment de Béarn, considérant combien sont grands les hasards de la guerre et estant sur le point de m'en aller dans les occasions pour serbyr le roy, ay voleu faire mon testament volem disposer de mes biens comme il s'en suit et premièrement après avoir appelé la Très Sainte Trinité à mon ayde et prier Dieu me fé pardon de mes fautes et voloir que l'effusion de son sang précieux de J. C. son fils et sa mort et sa passion soient l'expiaon de mes dictes fautes et péchés après ma fin et lorsque mon âme sera séparée de mon corps il me fayre la grâce de la colloquer en son royaume céleste avec les biens heureux et veult après ma fin que mon corps soit inhumé et ensebely au sépulchre de mes devanciers en l'église Nostre-Dame dé Cabidos aussy signé M. de Trubessé et pour mes honneurs funèbres et faire prier Dieu pour mon âme je donne, légue et laisse la somme de trois cents livres à vingt sols livre, laissant mes honneurs funèbres à la discrétion de mes exécuteurs testamentaires qu'y seront cy après nommés et volant qu'on dise une messe pour mon âme touts les moys et jour que Dieu m'aura retiré de ce monde. Ainsi signé de Trubessé. Je déclare que je suis marié avec Damoiselle Jeanne de Tuquoy et de nostre mariage nous a donné un fils nommé Pierre Du Vignau et qui est de l'adgé de seize moys et estime que la dicte Jeanne est enceinte et aussi

je veult qu'après ma fin ma dicte femme soit et demeure administratrice de mes dicts enfants et de leurs
biens sans qu'elle soit tenue de rendre compte à personne de son administration..... Je laisse pour mon
héritier universel mon fils Pierre Du Vignau et pour
exécuteurs de mon présent testament je nomme M.
de Candau abbé de Saint-Giron, mon cousin germain,
et M. de Junca seigneur de Monget, mon cousin. Je
déclare que j'ay mis en mon présent testament ma
dernière volonté et veult qu'il ayt force et vigueur, en
ayt son effet comme testament solempne comme doha-
tion par cause de mort et autrement en la meilleure
forme qu'il doibe et puisse valoir cellon droits et cos-
tumes. Retenu par moy not. roy. le trentième jour du
moys de May mil six cent neuf aou lieu de Cabidos.
Tesmoings : Odet de Castagnos, lieutenant au regiment
de Béarn; M. Pascal du Comer, prêtre ; Mathieu de
Lauzin, sergent au dict regiment ; Pierre de Berbedé,
soldat au dict régiment, et M. FORTIS CASTAING, *not. roy.*

8 Octobre 1642.

Extrait de l'inventaire fait par les ordres de Jeanne de Tuquoy, des actes et pièces laissées par feu son mari Mathieu Du Vignau.

Pièces trouvées dans le secrétaire du dit Mathieu
Du Vignau, renfermées dans un tiroir et de plus dans
un sac :

1. — Acte d'achat de la maison Noble de Trubessé
fait sur parchemin par Arnaud Guilhem, retenu par
Berdoulet, not. roy., datté 1417, cotté de la lettre A.

2. — Une dotation sur parchemin faictes de la dite
maison de Trubessé par Arnaud Guilhem à son fils

aysné Arnauton, dattée 17 juillet ; signée DE CAZAUBON, *not. roy.* ; cottée B.

3. — Une sentence arbitralle sur parchemin entre le sieur de Trubessé et la communauté de Louvigny par laquelle le sieur de Trubessé demeure exempter de toutes charges et impôts. Du 17 Septembre 1472. Signé RAMOND DE LAURET ; cottée C.

4. — Plus une décharge de la maison faicte par le sieur de Bascq, commissaire des frangs fiefs par laquelle la maison Noble de Trubessé ne doit point subit au payement du frang fief. 17 mars 1508. Signé LEGRAND, *greffier* ; cottée D.

5. — Plus un testament escript sur parchemin de feu Noble Jacques Du Vignau, 17 juin 1562, retenu par DUPLANTIER, *not. roy.* ; cotté E.

6. — Un testament aussy escript sur parchemin de feu Noble Bernard du Vignau. 17 septembre 1505, retenu par DU CASSON, *not. roy.* ; cotté F.

7. — Un testament escript sur parchemin de Berthonieu Du Vignau, 27 juin 1554, retenu par BERTHONIEU DUPLANTIER, *not. roy. ;* cotté G.

8. — Un contrat d'achat fait par Jacques Du Vignau à Bertrand Dupoy, pour la pièce de terre ditte du Hourcq (15 mars 1555), retenu par LABORDE, *not. roy.*

9. — Un contrat d'achat fait par Jacques Du Vignau escript sur parchemin (22 décembre 1554), retenu par DU CHESNE, *not. roy.*

10. — Un affranchissement escrit sur parchemin fait par Paul Dandouins seigneur de Louvigny, en faveur de Jacques Du Vignau (20 juin 1554), retenu par PUYO, *not. roy.*

11. — Un acte sur parchemin contenant le dénom-

brement des biens de la maison Noble de Trubessé (3 janvier 1607), retenu par DUVIGNAU, *not. roy.*

12. — Un titre sur parchemin contenant affranchissement des fiefs bailler par le seigneur d'Andouins, en faveur de Jacques Du Vignau (21 juin 1554), signé du duc et retenu par PUYO, *not. roy.*

13. — Un acte sur parchemin contenant la déclaration faite par le seigneur d'Andouins aux jurats de Louvigny par lequel il notifiait la déclaration faite en faveur de Jacques Du Vignau.

14. — Un acte sur parchemin contenant le dénombrement de biens de la Noble Maison de Trubessé (17 août 1554), retenu par DUPLANTIER, *not. roy.*

15. — Un contrat d'achat sur parchemin faict par Noble Dominique Du Vignau à Berducon Dubayle et Antoine de Lafargue de la terre appelée Castelbieh à Cabidos (28 octobre 1572), retenu par ARTIX, *not. roy.*

16. — Quatre contrats d'achats sur parchemin attachés ensemble, faicts par Noble Dominique Du Vignau (1591, 1596, 1598, 1599), retenus par DU CHESNE, *not. roy.*

17. — Un autre contrat fait par Dominique Du Vignau avec Fortanier Duvignau dict Chalabart, de la prairie appelée Chalabart (26 avril 1598), retenu par DU CHESNE, *not. roy.*

18. — Un contrat d'achat sur parchemin faict par Dominique Du Vignau, d'une maison à Pimbo avec la prairie nommée le Chrestian (28 novembre 1581), retenu par DUVIGNAU, *not. roy.*

19. — Un contrat d'achat sur parchemin faict par Dominique avec Jean de Lamarque pour la prairie ditte Lahitte à Malaussanne (12 juin 1591), retenu par DUVIGNAU, *not. roy.*

20. — Un contrat d'achat faict par Noble Dominique avec Dominique de Labeyrie dit Talabor du touyaa de Labeyrie (1er mai 1601), retenu par PALANER, *not. roy.*

21. — Un contrat d'achat sur parchemin faict par Noble Dominique Du Vignau contre Jeanne Duvignau du touyaa Chalabart (12 mars 1598), retenu par.....

22. — Contract d'échange sur parchemin faict entre le sieur Noble Dominique Du Vignau avec Guilhaume Lasplarie et Manon Dufau dit Naoutot d'Arazyguet, des deux prairies appellées aux Arribaout de Loustalot (21 mars 1605), retenu par D'ARTIX, *not. roy.*

23. — Une quittance sur parchemin concédée par Marie Du Vignau en faveur de Dominique pour sa dot (17 août 1584), signée D'ARTIX, *not. roy.*

24. — Petite liasse contenant le procès de Dominique avec la maison Ducasse, sur les prétendus rangs et honneurs que s'attribuait cette famille dans l'église de Cabidos.

25. — Contrat de mariage sur parchemin de Noble Dominique avec Damoiselle Margueritte de Candau (20 septembre 1575), retenu par DUBOURG, *not. roy.*

26. — Une quittance sur parchemin du mariage constitué de Jeanne Du Vignau mariée à la maison de Labat de Lonçon (4 mars 1598), retenu par DU CHESNE, *not. roy.*

27. — Un contrat d'achat de la disme de Cabidos acquise par Noble Dominique à l'abbé et chapitre de Pontau (19 may 1580), signé DE POYANNE.

28. — Procès-verbal faict sur l'hommage rendu par Pierre Du Vignau, fils de Noble Dominique au roy de France (17 janvier 1615).

29. — Un don sur papier faict par le seigneur comte

de Gramont en faveur de Noble Dominique de la disme
de Cabidos (20 janvier 1594), signé de Gramont.

30. — Les acquits des achats qui ont esté payés pour
rayson de la dite disme au seigneur l'évêque de Lescar.

31. — Tous lesquels papiers, titres, dotations ou
inventaires que nous avons réunis, replacés dans le
dict sacq de cuir. En avons pris un autre cotté C, l'a-
vons ouvert et avons trouvé les papiers et pièces sui-
vantes :

1. — Le testament sur parchemin faict par Noble
Dominique (3 février 1606), retenu par Du Chesne,
not. roy.

2. Inventaire faict après la mort de Dominique à la
réquisition de Margueritte de Candau (30 avril 1607),
retenu par Du Taret et Duvignau, *not. roy.*

3. — Pactes de mariage de Noble Pierre Du Vignau
avec Damoiselle Margueritte d'Anguins (1er mars 1629),
retenu par Capdeville, *not. roy.*

4. — Donation faicte sur papier par Pierre Du Vignau
à son frère Mathieu de sept milles livres tournoises
(7 mars 1629), retenu par d'Artix, *not. roy.*

5. — Une quittance sur parchemin de mariage constitué de Bertrande Du Vignau octroyée au dit sieur de
Trubessé par Raymond de Sarraute mary de Bertrande
(17 avril 1600), retenue par Pelanen, *not. roy.*

6. — Une quittance sur parchemin du mariage entre
Catherine Du Vignau, femme de Noble Pierre de Mariolet en faveur du sieur de Trubessé (17 décembre 1643)
retenue par Duvignau, *not. roy.*

7. — Pactes de mariage de Marthe Du Vignau avec
Noble Pierre de Lyrac (5 janvier 1614), retenu par Duvignau, *not. roy.*

8. — Contrat de mariage sur parchemin de Noble

Bertrand Deshortes et de Raymond Du Vignau (9 février 1617), retenu par LUDRET, *not. roy.*

9. — Tous lesquels papiers titres et donations nous avons réunis dans le dit sacq, cotté C. Avons pris un autre cotté D, nous l'avons ouvert et trouvé les papiers qui s'en suit :

1. — Le contrat d'achat d'une maison dans le bourg de Pimbo faict par Noble Dominique Du Vignau (2 mars 1589), retenu par DU CHESNE, *not. roy.*

2. — Un contrat d'achat d'une maison dans la rue de Pimbo, faict par Noble Bertrand Du Vignau (26 août 1565), retenu par HUGAS DUBOYES, *not. roy.*

3. — Actes attachés ensemble escript sur parchemin de la nomination à la cure de Cabidos avecq les titres des Évêques de Lescar, 9 may 1524, 1531, 1575, 1579.

4. — Titres sur parchemin à la nomination de la prébande de Courbins (27 mars 1374, 1479, 1603, etc.)

5. — Contrat sur parchemin mangé des rats en huit endroits contenant comment les seigneurs de Trubessé sont fondateurs de la prébande appellée de Courbins (14 juin 1557), Ludovicus, évêque de Lescar, signé et contre signé GARRANON.

6. — Quatre titres à la cure de Phillondens avec l'approbation de l'Évêque de Lescar (19 mars 1364, 1573, 1603, 14 août 1540.)

1ᵉʳ Janvier 1648.

Acte d'hommage fait par Noble Pierre Du Vignau au duc de Gramont.

A Monseigneur de Gramont, duc et pair et maréchal de France, gouverneur et lieutenant pour le roy en son royaume de Navarre et principauté de Béarn, lieutenant général en l'armée et maistre de camp du régiments des six ganvt, souverain de Bidache, comte de Guiche et de Louvigny, supplie humblement Maistre Pierre Du Vignau, prêtre et chanoyne de l'église collégialle de Saint-Giron au nom et comme tuteur de la personne et biens de Noble Pierre Du Vignau, fils héritier de Noble Mathieu Du Vignau, seigneur de Trubessé, son père, disant que le dict Du Vignau ne povant satisfaire au commendement qui luy este faict en son domicile de se présenter aujourd'huy par devant pour nous rendre l'hommage qu'il nous doit pour rayson de sa maison Noble de Trubessé à rayson de son bas âge qu'il est seulement de dix ans.

A ces causes, Monseigneur, il vous plaira octroyer surcéance do dict hommage au dict sieur de Trubessé iusque à temps qu'il atteint l'âge de maïoritté pour pouyoir en personne se dict hommage, ainsy signé Du Vignau.

Nous accordons au suppliant la souffrance requise à la charge de nous rendre le dibt mineur l'hommage qu'il est tenu aussitôt qu'il aura atteint l'âge compétant. Fait à Hagetmau le 7 janvier 1648, signé A. DE GRAMONT.

---

12 Novembre 1661.

Pactes de mariage entre Pierre Du Vignau et Jeanne Antoinette Des-Pruets.

Sachant tous présent et advenir que aujourd'huy douzième du moys de Novembre mil six cent soixante et un après midy dans la maison Noble de Trubessé au siége de Saint-Sever, par devant moy not. roy. soubz signé présent les témoins bas nommés pactes de mariage ont esté faicts, traités et accordés par parolle de futur entre Messire Pierre de Trubessé, seigneur d'Arbleix et de Péchevin d'une part, et Damoiselle Jeanne Antoinette Des-Pruets du lieu de Garos d'autre, savoir que le sieur de Trubessé avecq assistance de Damoiselle Jeanne de Tuquoy sa mère, Xphe de Tuquoy, abbé de Pimbo, son oncle maternel, Noble Dominique du Laut Mariolet, seigneur de Laut et Vignottes, son cousin, Noble Paul de Cabannes, cappitaine aussy son cousin, et austres parents a promis prendre pour sa future espouse damoiselle Jeanne Antoinette Des-Pruets et pareillement la dite damoiselle Des-Pruets avec l'assistance et exprès consentement de Damoiselle Catherine de Sarraute, sa mère, M. Helie Des-Pruets prêtre docteur en théologie, archyprêtre, d'Albert son oncle paternel et procureur de Messire Mathieu Des-Pruets, abbé et chanoyne de Xaintes, seigneur du Sorlin, du Coudret son frère et aussy son oncle paternel de la dite Damoiselle Des-Pruets, Messire Henri de Candau, baron de Bellegarde, Jean de Sarraute, escuyer et seigneur de Vignes, austre Jean de Sarraute aussy son cousin, Jean-Pierre de Sarraute, escuyer, aussy son cousin germain, Jacob de Mautin, escuyer de Beluix son allié, Messire Antoine de Bellacq, adjudant en la cour du Parlement de Navarre, son parent et austres parents a promis prendre pour espoux et mary le dit sieur de Trubessé et le dit mariage a promis solemniser à la première réquisition de l'une et de l'autre en face de la sainte Église catholique, apostolique et romaine..... Et ont signés avec Guilhaume Dufau, curé du présent lieu, Noble Gaston de Banneve, seigneur du Hillau et J. de Zest et moy. DUBERIE, *not. roy*.

5 Septembre 1676.

Hommage de Pierre Du Vignau à Louis XIV, roi de France.

François de Lacheze Cher conseiller du roy, président thrésorier de France, général des finances, juge du domaine du roy et grand voyer en la généralité de Guyenne, députté par nos présents seigneurs les présidents thrésoriers de France, généraux des finances, juges des domaines du roy pour la reception des foy hommages deus au roy le cinq septembre mil six cent soixante et dix et sept, s'est présenté Jean de Sault procureur au siége d'Arcqs au nom et comme ayant charge et procuration expresse de Noble Pierre Du Vignau de Trubessé, seigneur d'Arbleix et de Péchevin lequel en présence du procureur du roy estant le vassal, teste nue, les deux genoux à terre, sans ceinturon, espée, ny espérons, tenant ses mains dans les nôtres en la manière accoustumée a faict et rendu à Sa Majesté foy et hommage et serment de fidélité qu'il doit et est teneu de faire au roy nostre Sire Louis XIV, roy de France et de Navarre à présent régnant par rayson de la disme de Cabidos et lequel vassal a juré sur les Evangiles qu'il est son fidèle et loyal serviteur et vassal du roy, gardera et défendra Sa Majesté contre tout et généralement faira et tiendra et accomplira les clauses contenues aux chapitres des fidélités vieux et nouveaux.

Lettres-patentes du roi Louis XIV portant le commandement de capitaine d'une compagnie au régiment de Champagne pour Noble Elie de Trubessé.

Louis par la grâce de Dieu roy de France et de Navarre à nostre cher et bien aismé le capitaine Elie Du Vignau, salut. Ayant résolu d'augmenter de quelques compagnies nostre régiment de Champagne et désirant donner le commendement de l'une des dites compagnies à une personne qui s'en puisse bien acquitter, nous avons estimé que nous ne pourrions faire pour cette fin un meilleur choix que vous pour les services que vous avez rendus dans toutes les occasions qui se sont présentées, où vous nous avez donné des preuves de vostre valeur, courage et expérience dans la guerre et bien vaillance et bonne conduite et grande fidélité et affection. A ces causes nous vous avons commendé, ordonné et establys, commendons, ordonnons et establissons par ces présentes signées de nostre main capitaine à la compagnie, laquelle vous leverez et mettrez sur pieds le plus diligeamment possible d'hommes à pieds, français, les plus vaillants possibles, car tel est nostre bon plaisir. — Donné à Versailles le 28 may de l'an de grâce 1689 et de nostre règne le 47ᵉ.

LOUIS.

Ordonnance du roi qui convoque les habitants de Cabidos à payer la dîme à Noble Pierre Du Vignau.

Les présidents thrésoriers de France, généraux des finances, juges du domaine du roy et grands voyers en la généralité de Guyenne au premier huissier ou ser-

gent royal sur ce requis nous vous mandons à la requette de Noble Pierre Du Vignau, seigneur de Trubessé, assigner les habitants de la paroisse de Cabidos
à comparaître devant nous à certain et compétant jour
pour y procéder sur l'opposition faite au dénombrement fourni par le sieur de Trubessé de la dixme de
ladite paroisse de Cabidos. De ce faire vous donnons
pouvoir. Fait à Bordeaux au bureau du domaine du
roy en Guyenne le 12 mai 1682. Pour les présidents
thrésoriers, DORET.

---

24 Mars 1700.

Relaxe en faveur de Noble Elie Du Vignau pour ses biens nobles.

Louis Bazin, Cher seigneur de Beson, conseiller
d'Etat ordinaire, intendant de justice en police et finances en la généralité de Bordeaux. Veu la requette
à nous présentée par Elie Du Vignau de Trubessé, escuyer seigneur et baron d'Arbleix tenant à rgl. nous
plut le décharger de l'assignation à luy donnée devant
nous le 28 novembre 1697 à la requête de M. Charles
La Cour de Beaunas, chargé par Sa Majesté de la re-
cherche des usurpateurs des titres de noblesse et à
présenter ses titres pour estre justifié de sa qualité
d'escuyer et baron et à défaut à estre condamné à deux
mille livres d'amendes, conformément à l'ordonnance
du roy du 4 septembre 1696 et aux restitutions de la
dite jouissance. Elie Du Vignau contredit la requête du
sieur Beaunas et nous procureur concluons.

Nous intendant et commissaire sus dict, sans avoir
égard aux contredis du sieur de La Cour de Beaunas,
avons déchargé le dit Elie Du Vignau de Trubessé

escuyer, seigneur et baron d'Arbleix, de l'assignation à luy donnée devant nous à la req., et en conséquence l'avons maintenu et maintenons en sa qualité d'escuyer et baron, attendu qu'il a justifié sa filiation et celle de ses auteurs depuis l'an mil quatre cent cinquante-quatre (1454); ordonnons qu'il sera inscript au catalogue de la sénéchaussée de St-Sever, conformément à la déclaration du roy du 4 septembre 1696 pour y avoir recours quand besoin sera. Faisons savoir au dit Beaunas de ne plus l'inquietter pour rayson de sa qualité. Fait à Bordeaux, 24 mars 1700. BAZIN.

1ᵉʳ Février 1721.

Testament d'Henri de Trubessé chanoine de la cathédrale d'Aire.

Miserere mei Deus, secundum magnam misericordiam tuam !

Dieu par sa miséricorde infinie ne cesse de nous solliciter par la sainte grâce à songer sérieusement à l'affaire de nostre salut qui est la seule nécessaire, qui devrait uniquement occuper l'homme pendant le cours de cette vie mortelle, dont les jours si courts et dont le dernier est le plus incertain. Affaire cependant à laquelle nous pensons le moins, insensibles aux mouvements intérieurs de cette mesme qui nous presse et qui frappe souvent nos sens par de tristes spectacles de morts soudaines et imprévues qui devraient nous engager à faire des réflexions salutaires sur nous-mesme et à travailler efficassement à cette si importante affaire. Sur cette pensée, assurer qu'il faut mourir, que l'heure de la mort est incertaine et pour prévenir ce que je ne pourrai peut-être pas faire lorsqu'il plaira à Dieu de m'accabler de plus grandes maladies corporelles et que je puis maintenant faire avec une entière liberté de mes sens. Noble Henri de Trubessé, pbre et chanoine de l'Église cathédrale d'Ayre, y habitant, fait et ordonne mon testament présent et solennel de dispositions de ma dernière volonté qui iay souscrit de la mienne à la fin et au bas de chacune page ainsi que s'en suit. Premièrement me suis muny du signe de la croix disant : Au nom du Père, et du Fils et du Saint-Esprit ; ay demandé pardon à Dieu de tous mes péchés, luy ay recommandé mon âme et dit qu'après qu'il luy aura plu de la séparer de mon corps, je laisse mes honneurs funèbres à la volonté et discrétion de Messieurs mes confrères les chanoines et chapitre de la dite Église, soit pour la levée, corps, sépulture d'icelluy dans sa chapelle de Nostre-Dame, soit pour le lendemain, bout de mois et anniversaire, selon leur louable habitude et qu'ils ont aussy résolu et délibéré faire pour chaque membre. Plus je laisse pour héritier universel de mes droits tant paternels que maternels le dit sieur Noble Elie de Trubessé, mon frère, et pour mes exécuteurs testamentaires, je nomme Messieurs de Toux, grand archidiacre, les doyens et syndic du chapitre que je prie très-fort d'en vouloir prendre et accepter la charge et très humblement Monseigneur l'Évêque d'Ayre de les vouloir authoriser de ses secours et protection afin que tout si dessus soit exactement de point en point exécuté... Finalement je déclare et affirme n'avoir fait d'autres testament n'y disposition et au cas où il s'en trouverait, je les casse, révoque et annulle, et veux et entend que le présent qui contient mes dernières volontés et dispositions soit exécuté.

Fait à Ayre, dans la maison du sieur Lagarde, le 1er février 1721. *Signé :* DE TRUBESSÉ.

Extrait des registres mortuaires de la cathédrale d'Ayre.

Henri François de Trubessé, chanoine de la présente église, âgé d'environ 59 ans, décéda le 27 août 1725 et fut enseveli le lendemain par le chapitre dans la chapelle Notre-Dame. *Présents :* Jean Delysse, acolyte et Jean Parterre, clerc tonsuré, signé avec moi Brethous, curé d'Ayre, Jean Delisse et Jean Parterre aussi signé à l'original.

Je soussigné prêtre, curé de la commune d'Ayre, certifie à tous ceux qu'il appartiendra que l'extrait cy-dessus a été tiré fidellement des registres mortuaires de cette paroisse et foy doit y estre ajouté comme à l'original. En foy de quoi j'ai signé. A Ayre, le 20 juin 1765. DESBOUS, *curé d'Ayre.*

Playcard de Raigecourt par la grâce de Dieu et du Saint-Siège apostolique, évêque d'Ayre, conseiller du roy en ses conseils, nous certifions à tous ceux qu'il appartiendra que le seing en l'autre part apposé est le véritable et propre seing du sieur Desbous, curé d'Ayre et que foy doit y estre ajouté tant en jugement que dehors. Donné à Ayre, le 20 juin 1765. NIVESON, *vicaire général.*

Contract de rente entre Noble Elie Du Vignau de Trubessé et son neveu Jacques de Bruix.

Par devant moy notaire publicq de la ville de Pau et témoins bas nommés a esté présent Messire Elie de Trubessé, seigneur d'Arbleix, Péchevin, demeurant ordinairement au lieu de Cabidos, lequel de son bon

gré et volonté a cédé et transporté en toute propriété
vers et en faveur de Noble Jacques de Bruix, habitant
au lieu d'Arzacq son nepveu ici présent et acceptant,
sçavoir est la terre et seigneurie du dit lieu d'Arbleix
et Péchevin située en la province de Béarn avec la
justice, droit de nommer bayle, jurats et cours entrée
aux États généraux de la dite province, maison seigneuriale, granges, basse-cour, jardin, fiefs, droits des
lots et ventes et prelations, dixme, droit de patron-
nage et nomination à la cure du lieu de Phillondens,
d'Arbleix et de Péchevin, attaché à la dite maison seigneuriale cédé ensemble tous les domaines tant nobles
que ruraux dépendants de la dite maison seigneuriale,
consistant en vignes, bois et haut futage, prés, labou-
rables, touyas, landes, généralement tous et chacuns
des droits seigneuriaux, domaines et biens que le dit
seigneur de Trubessé a et possède au lieu d'Arbleix et
Péchevin en quoi qu'ils puissent consister sans en rien
excepter ny réserver. Laquelle cession et transport en
toute propriété le dit seigneur de Trubessé a fait en
faveur du dit seigneur de Bruix. Savoir : la justice,
lots et ventes, préparances, droit d'entrer aux États
et fiefs à raison de deux pour cent de ce que les dits
fiefs rendent et produisent, dont il sera fait un capital
sur le produit annuel des dits fiefs, déclarant le dit
seigneur de Trubessé que de tels fiefs consistent en 40
livres par an. La dixme sur pied de 4 pour cent qu'il
a aussy déclare donner annuellement 65 livres, les
rentes sèches qui se perçoivent sur l'usage du paccage et coupe du soustrage dans les dits bois et landes
à raison de 5 0/0 qu'il a pareillement déclaré produire
60 livres et la dite maison seigneuriale, granges, basse-
cour, jardin et domaines pour et moyennant le prix et

la somme de 4,000 livres, lequel susdit transport et cession le dit seigneur de Trubessé a fait sous la réserve expresse et substancielle qu'il jouira pendant sa vie des dits droits d'entrée aux États, justice, fiefs, lots et ventes, dixme, droit de nommination à la cure, rentes sèches et autres droits seigneuriaux utiles et honnorifiques, et à condition expresse en outre qu'après le décès du dit seigneur de Trubessé les enfants légitimes que Dieu pourra luy donner seront en droit de racheter la dite seigneurie et biens cédés pendant le terme et l'espace de dix ans à compter du jour du décès du dit seigneur de Trubessé. Convenu expressement que le dit rachat ne pourra estre exercé que par les enfants légitimes du sieur de Trubessé, ny le dit sieur de Bruix dépossédé qu'en lui remboursant par préalable ce qu'il aurait payé en extinction de la dite somme de 4,000 livres prix de la dite maison et domaines, ensemble les réparations et acquisitions qu'il pourrait y avoir faite. A esté de plus convenu que le dit sieur de Bruix promet et s'oblige de payer le prix de la dite seigneurie et biens vendus, payement faisable après le décès du seigneur de Trubessé aux héritiers et successeurs de iceluy cy a rente constituée, tant moins et en déduction de laquelle susdite somme de 4,000 livres..... Moyennant quoy le seigneur de Trubessé s'est dépouillé par la passation du présent contract de la dite maison seigneuriale, granges, basse-cour et jardin ensemble des dits domaines et en a investy le dit seigneur de Bruix consentant qu'il en prenne la réelle possession et jouissance, convenu en outre qu'il sera en droit d'user du paccage dans les dits bois et landes pour les bestiaux qu'il sera obligé de tenir pour la culture du dit domaine et de couper annuellement le soutrage qu'il aura besoin pour l'engrais des dits domaines tant seulement consentant de plus que le dit seigneur de Bruix prenne la réelle possession et jouissance de la dite seigneurie, entrée aux Etats généraux, dixme, fiefs et autres droits après son décès. Finalement le dit seigneur de Trubessé a promis de garantir et de faire valoir la dite cession et transport vers et contre tous, aux dites conditions. Moy Nicolas Lafitte, notaire publicq, d'icelle que le présent ay retenu et signé avec les dites parties et témoins. De Trubessé, le Chevalier de Bruix, Lacrouts, Pommier, LAFITTE, *not. roy.*

---

8 Juin 1741.

Pactes de mariage de Noble Elie Du Vignau de Trubessé avec demoiselle Marie de Béon.

Au nom de Dieu articles de mariage qui ont esté accordé et convenus sous le bon plaisir de Dieu entre Messire Elie de Trubessé, baron seigneur d'Arbleix et Péchevin d'une part, et Messire Jean Dominique de Fortaner, seigneur de Béon et d'Aste en Ossau, chevalier de l'ordre militaire de Saint-Louis, capitaine de cavalerie dans le régiment du Dauphin, agissant pour Damoiselle Marie de Béon sa fille, à laquelle il s'oblige de faire avouer et exécuter les présents engagements..... En foy de quoy il ont signé les présents articles dont il a esté faict trois doubles originaux pour valloir autant qu'un contract publicq en attendant qu'on trouve à propos de le rédiger en forme plus authentique. Fait en la ville de Pau le 8 juin 1741. De Trubessé, Béon, Fortaner, Sorberio.

---

31 Décembre 1776.

Hommage de Noble Peyronne Du Vignau pour raison de ses biens nobles.

Louis par la grâce de Dieu, roi de France et de Navarre, seigneur souverain de Béarn, comte de Foix, d'Armagnac, de Bigorre, de Marsan, de Tursan et de Gabardan, des quatre vallées et autres pays dépendans de l'ancien et nouveau domaine de Navarre, salut, savoir faisons que ce jourd'hui, date des présentes, s'est présenté en notre cour de Parlement, compte, ordres et finances de Navarre, séant à Pau, le seigneur Peyronne Du Vignau, habitant à Cabidos, seigneur d'Arbleix, Péchevin et baron de Trubessé, par le ministère de M. Pierre Hourcade, procureur en notre cour fondé de procuration spéciale du 30 du présent mois, retenue à Arzacq par Bonein, not. roy., contrôlée le dit jour au bureau de la même ville en vertu des lettres de la chancellerie de ce jour, lequel pour obéir aux arrêts de la cour sur ce rendu, vous a fait et prête ès mains de notre diste cour les fois, hommages et serment de fidélité qu'il nous doit pour raison de la terre et seigneurie d'Arbleix, Péchevin, avec les droits d'entrée aux Etats généraux de la province, château, granges, basse-cour, jardin et biens, le tout noble, juxta patronnat, avec les droits et revenus en dépendans, plus l'abbaye de Trubessé, fiefs et capso en dépendants située en la paroisse de Cabidos mouvant de nous à cause de notre souveraineté de Béarn, et ce en forme ordinaire et accoustumée estant tête nue, genoux à terre, sans chapeau, épée ny esperons, manteau, gants, tenant les mains jointes sur les saints Evangiles et ce fait lui a été ordonné de bailler son aveu et dénombrement des dits biens et droits en dépendant

dans quarante jours et de faire vérifier quelques jours
après, passé lesquels et faute de ce faire, le present
hommage demeurera pour non fait et sans qu'il puisse
préjudicier aux droits du roi. A ces causes ordonnons
que si aucunes saisies avaient été faites contre lui faute
d'hommage et devoirs non rendus elles demeureront
pour non advenues ; lui faisant main-levée, en ce cas,
des biens, fruits et rentes saisies depuis le jour et date
des présentes avec prohibition et défense à tout com-
missaires séquesteurs qui pourraient avoir été établis
au régime et gouvernement d'iceux de lui porter aucun
trouble ni empêchement en la dite jouissance, sauf
néanmoins en autre chose notre droit et celui d'autrui
en toute, et le dit hommenger a nommé pour son procureur le dit Hourcade comparu au greffe dans la maison duquel il a fait élection de domicile pour y rece-
voir tous exploits nécessaires. Fait à Pau en notre dite
cour de Parlement, compte, ordres et finances de
Navarre, 31 décembre 1773. Pour le roi en sa cham-
bre des comptes de Navarre. LACADÉ.

Extraits des registres de la paroisse et de la commune de Cabidos.

20 décembre 1742. — *Naissance de Marie Du
Vignau*, fille légitime de Messire Elie de Trubessé,
baron d'Arbleix, et de demoiselle Marie Fortaner. Parrain : Messire Jean de Fortaner, baron d'Aste et de
Béon, chevalier de l'ordre militaire de St-Louis ; marraine : Damoiselle Marie de Trubessé. Présents et
témoins : Sylvestre-Honda, Coustau, prêtre-curé.

1er avril 1744. — *Naissance d'Isabeau Du Vignau de Trubessé*, fille de Noble Elie de Trubessé, escuyer, seigneur d'Arbleix et de Péchevin, et de damoiselle Marie de Fortaner, a été baptisée le 2 du même mois. Parrain : Noble Pierre de Candau, conseiller du roy au Parlement de Navarre ; marraine : Dame Isabeau de Loyard, épouse du dit sieur de Candau ; témoins : Dominique Destrémeau et Coustau, prêtre-curé.

7 mars 1745. — *Naissance de Simon-Antoine Du Vignau de Trubessé*, fils légitime de Noble Elie de Trubessé, seigneur d'Arbleix, et de demoiselle Marie de Fortaner. Parrain : Noble Simon-Antoine de Fortaner-Béon ; marraine : demoiselle Madeleine d'Espalungue, dame de Fortaner-Béon ; a été tenu le même jour sur les fonts baptismaux par Pierre Castagnos, domestique de la maison de Trubessé, et demoiselle Angélique de Trubessé. Présents et témoins : Maistre Jean-Pierre Coustau, prêtre et curé de Cabidos, Dominique Destrémau et Jean de Bayle.

15 mars 1745. — *Décès de Simon-Antoine Du Vignau de Trubessé*, âgé de huit jours ; son corps a été enseveli dans l'église paroissiale de Cabidos et au lieu où ses ancêtres ont accoustumés d'être ensevelis et les offices ont été faits en présence et assistance de Maistre Jean-Pierre Coustau, prêtre et curé d'Angos, et de Jean Carrère et par moy. Signé : Coustau, curé d'Angos ; Coustau, curé de Cabidos, et Carrère.

8 août 1747. — *Naissance de Jeanne-Josèphe Du Vignau de Trubessé*, fille légitime de Messire Elie de Trubessé, seigneur d'Arbleix et Péchevin, et de démoi-

selle Marie de Fortaner-Béon, dame de Trubessé, son
épouse, et a été baptisée le 9 du même mois et an.
Parrain : Noble Jean-Joseph de Basquiat, seigneur de
Mugriet ; Marraine : Dame Jeanne de Salette, vicomtesse de St-Maurice. Présents et témoins : Jean Carrère, qui a signé avec le parrain et la marraine et
moy ; Jean de Salette, Fortisson, Carrère, Coustau,
prêtre de Cabidos ; Basquiat de Mugriet.

7 may 1748. — *Décès d'Elie de Trubessé*, seigneur
d'Arbleix et de Péchevin, âgé d'environ 82 ans, muni
des sacrements de pénitence et d'extrême-onction ; son
corps a été inhumé le 8 du même mois dans l'église
paroissiale Notre-Dame de Cabidos et les offices ont
été faits en présence de Codure, curé de Piets ; de la
Pause, curé de Momas ; de Bruch, curé de Phillondenx ; de Prat, curé de Louvigny ; de Soupessens, curé
de Garos, et de Pausadet, curé de Malausane ; de
Moncaubeich, curé de Montahut ; de Ducasse, curé
d'Arzacq ; de Labernade, curé de Méracq. Témoins :
Jean Carrère et Raymond Castelbeich, qui ont signé
avec moi Coustau, curé.

11 janvier 1749. — *Naissance de Jean-Marie-Peyronne de Trubessé*, fils légitime et posthume de Messire Elie de Trubessé, de son vivant seigneur d'Arbleix et de Péchevin, et de demoiselle Marie de Béon,
dame de Trubessé, son épouse ; a été baptisé le 13 du
même mois. Parrain : Noble Jean de Talasac, seigneur
de Sansac ; marraine : demoiselle Peyronne de Talasac,
épouse de Monsieur le baron de Caplane. Présents et
témoins : Jean Carrère et Raymond Castelbielh, maître
d'école qui ont signé avec le parrain et la marraine et
moy Coustau, curé.

15 juin 1752. — *Naissance de Jean Castéra.* Parrain : Noble Jean-Marie-Peyronne de Trubessé ; marraine : Noble demoiselle Marie de Béon de Trubessé. Signé : Capdevielle, Marie de Béon, Betbéder, curé de Cabidos.

19 novembre 1758. — *Décès d'Elisabeth-Angélique de Trubessé,* âgée de 82 ans ou environ ; elle fut inhumée le 20 du même mois dans l'église Notre-Dame de Cabidos, ayant reçu les sacrements de Pénitence, d'Eucharistie et d'Extrême-Onction. Présents et témoins à la cérémonie : Dominique Destrémau et Bernard Laffittau qui ont signé avec moy. Betbéder, curé de Cabidos, Destrémau, Laffittau.

12 septembre 1761. — *Naissance de Jean-Marie Debayle, dit Peyrehourade.* Parrain : Jean-Marie-Peyronne de Trubessé ; marraine : Marie de Trubessé. Ont signé : Betbéder, curé de Cabidos; Ducasse, Marie de Trubessé, de Trubessé.

18 février 1765. — *Mariage de Jean Du Vignau d'Aire avec Marie de Trubessé.* Le 18 février 1765, les formalités de l'église préalablement observées, ont reçu la bénédiction nuptiale M. *Jean Du Vignau,* avocat au Parlement, habitant au Mas d'Aire, fils légitime de feu Jean-Pierre Du Vignau et de demoiselle Marie de Nauzeille et d'elle duement autorisée, âgé de 30 ans ou environ, assisté de Noble Pierre de Nozeille, son cousin germain, et de M. Jacques Lagarde, son cousin ; et demoiselle *Marie de Trubessé,* fille légitime de feu Elie de Trubessé, de son vivant baron d'Arbleix et de Péchevin, et de demoiselle Marie de Béon, dame de

Trubessé, et par elle duement assistée et autorisée,
âgée de 22 ans, assistée de Messire Jean-Marie-Peyronne de Trubessé, son frère ; de demoiselle Isabeau
et Jeanne-Josèphe de Trubessé, ses sœurs. Présents
et témoins à ce appelés : Jean Coustau, maître en art
et curé de Phillondens ; Jean Carrère, maître chirurgien, habitant Malaussanne, et Raymond Destrémau qui
ont signé avec les époux et moy. Ont signé : De Trubessé, Jeanne de Trubessé, Betbéder, curé de Cabidos ;
Carrère, Coustau, curé de Phillondens ; Du Vignau,
de Nozeille, Lagarde, de Béon de Trubessé, Destrémau,
de Trubessé.

6 septembre 1769. — *Décès de Marie de Béon de
Trubessé;* elle mourut à Cabidos, âgée d'environ 68 ans,
munie des sacrements ; elle a été inhumée dans l'église
en présence de Pierre Labareilles, dit Sales, et de Jacques du Gros, dit Lauzy, laboureurs, de cette paroisse,
qui ont signé avec moi ; Carenne, curé de Malaussanne.

22 février 1775. — *Mariage de Jeanne-Josèphe de
Trubessé avec Raymond-Joseph De Ces, baron de
Caupenne.* Le 22 février 1775, après la proclamation
des bans faite tant en cette paroisse qu'en celle de
Doazit, une fois seulement sans avoir défaut et empêchement quelconque ny vu d'opposition comme il m'a
conté par le certificat du sieur Demora, archiprêtre de
Doazit la dispense des deux bans obtenue tant à Ayre
du 20 février 1775, signée Basquiat de Mugriet, vic.
gén. ; Duplantier, secrétaire intime, et contre-signée
par Darblade, vic. gén., et Costedoat, secrétaire, du
20 février 1775 ; les ordonnances de l'église préalablement observées et les ordonnances royales, ont reçu la

bénédiction nuptiale Messire Raymond-Joseph De Ces, baron de Caupenne, âgé d'environ 27 ans, et demoiselle Jeanne-Josèphe de Trubessé, âgée d'environ 26 ans, en présence de Messire Jean-Marie-Peyronne de Trubessé, demoiselle Marguerite de Bruix, de demoiselle Jeanne de Laborde, Daubin, de Messire Louis-Frèche de Morlanne, M. Jean-François de Malluqué, curé d'Arzacq ; Messire Jacques de Mongaurin, M. Pierre de Pech qui ont signé avec moy.

22 février 1775. — *Mariage de Jean-Marie-Peyronne de Trubessé avec Marie-Françoise De Ces Caupenne ;* ont épousé à Doazit en présence de Monsieur le chevalier de Bruix, d'Arzacq ; le chevalier Daren Mesplès, Daubin de Malaussanne.

30 octobre 1775. — *Naissance de Marie-Elisabeth De Ces Caupenne.* Parrain : Jean-Marie-Peyronne de Trubessé, baron d'Arbleix et Péchevin ; marraine : Elisabeth-Damieu De Ces Caupenne qui ont signé. Lapeyre, vicaire.

17 avril 1775. — *Décès d'Elisabeth de Trubessé.* Elle mourut au château de Cabidos, âgée de 31 ans. Témoins : Jean Carrère et Dancla, vicaire.

23 octobre 1783. — *Naissance de Jean-Henri de Trubessé.* Parrain : Noble Jean-Henri comte de Baillenx ; marraine : Noble dame Jeanne-Josèphe de Trubessé baronne De Ces Caupenne. Témoins : Domenger, Dancla, curé.

14 janvier 1786. — *Naissance de Marie de Trubessé.* Parrain : Messire Pierre de Baillenx, lieutenant-colonel

à Aix ; marraine : Noble dame Marie de Baillenx, baronne de Sus. Témoins : Jean Domenger, maître d'école ; Dancla, curé.

31 juillet 1787. — *Naissance de Jean-Marie de Trubessé.* Parrain : Noble Jean-Marie Peyronne baron de Trubessé ; marraine : Demoiselle Marie-Élisabeth de Courrèges. Témoins : Jean Domenger, clerc tonsuré et Dancla, curé.

20 mars 1790. — *Décès de Marie de Trubessé.* Témoins : Jean Basta, maître d'école ; Dancla, curé.

27 août 1816. — *Naissance de Jules-Jean-Antoine de Trubessé.* Témoins : Destremau, Castera, Jean de Trubessé, maire.

6 février 1818. — *Décès de Marie-Sara de Badet de Trubessé.* Témoins : Tuya, Bataille, de Trubessé, maire.

19 février 1819. — *Naissance de Jacques-Paul de Trubessé.* Témoins : Couscouret, Lamothe, Paul de Trubessé, maire.

23 septembre 1838. — *Mariage de Jules-Jean-Antoine de Trubessé avec Mademoiselle Marie-Victoire-Geneviève-Catherine-Sinditte Gérault de Langalerie.* Ont signé : Jules de Trubessé, Marie de Langalerie, de Trubessé, de Bertier, de Trubessé, de Langalerie de Livron, Dupon, Destremau, Labarthe, Marie-Victoire de Livron, Couscouret, Destremau, adjoint.

24 octobre 1840. — *Naissance de Jean-Baptiste-Adrien-Amédée de Trubessé.* Témoins : Jules de Trubessé, Labarthe, Couscouret, Paul de Trubessé, maire.

29 août 1841. — *Décès de Jean-Baptiste de Trubessé.* Témoins : Destremau, Labarthe, Paul de Trubessé, maire.

29 mai 1843. — *Naissance de Marie-Catherine de Trubessé.* Témoins : De Trubessé, Jules Couscouret, Labarthe, Paul de Trubessé, maire.

30 avril 1852. — *Décès de Jacques-Paul-Léopold de Trubessé*, mort à l'âge de 33 ans. Témoins : Pierre Joanlat, maître d'école ; de Trubessé, Destremau, adjoint.

8 juillet 1854. — *Décès de Marie-Victoire-Catherine-Geneviève de Bertier de Trubessé.* — Témoins : de Trubessé, Joanlat, Destremau.

12 octobre 1857. — *Décès de Jacques-Paul de Trubessé.* Témoins : De Trubessé, Pierre Joanlat, Destremau.

2 avril 1859. — *Décès d'Henri de Trubessé.* Témoins : De Trubessé, Destremau, Pierre Joanlat.

20 août 1863. — *Mariage d'Armand Cogombles avec Mademoiselle Marie-Catherine de Trubessé.* Témoins : Bernard Duponchic, Jacques Castera Larroudé, Armand Cogombles, Sixain de Trubessé, Jules de Tru-

bessé, Amédée de Trubessé, Baptiste Gogombles, Joseph Gogombles, Marie de Trubessé, T. Coutin, chanoine ; Destremau, Dupouy, Léon Cassou, doct. en médecine ; Laporte, Carreau, avocat, A. de Fanget, notaire ; Georgia de Lom, Philip de Lom, Oscar de Bataille, doct. en médecine.

FIN.